때가 찬 선교통일

때가 찬 선교통일

송바울 지음

국민북스

서문

우리는 그동안 진행되지 않은 통일, 진행될 수도 없는 통일에 대한 피로감을 느끼고 있다. 이젠 학교에서도, 사회에서도 통일에 대한 이야기는 거의 들리지 않는다. 통일 단체 관계자나 사역 현장에 있는 이들은 열심히 대안을 찾는 노력을 하고 있지만 일반인들의 통일에 대한 관심도는 점점 더 약해져 간다.

카이스트 문술미래전략대학원에서는 60여 명의 전문가들과 함께 4차 산업혁명 시대의 통일 준비로 4단계에 걸쳐 통일을 준비하는 로드맵을 제시했지만, 북핵 폐기와 평화 정착을 전제로 준비된 내용이라 현실감이 현저히 떨어진다. 매년 통일의식을 조사하는 서울대 통일평화연구원은 정치, 경제, 사회문화의 각 영역에서 부문별 작은 통일이 진행되고, 그 범위와 속도는 각기 다를 수 있다는 관점으로 통일문제 접근이 필요하다는 전제하에 '연성복합통일론'을 제시하며 평화통일 담론을 전개하고 있다.

선교통일론은 4차 산업혁명 시대의 메타통일론이다. 인간 존재 됨의 근원을 창조주 하나님께 두고 초월적 말씀의 언약대로 성취되는 통일을 주장하는 통일론이기 때문이다. 연성복합통일론의 관점으로는 종교의 영역에서 바라본 기독교 통일론이다.

'때가 찬 선교통일'은 학문적으로 통일론을 전개한 책이 아니다. 성경 말씀을 연구하고 기도하는 가운데 한반도에 주시는 하나님의 메시지를 풀어놓은 책이다. 통일에 대한 정치 담론을 형성하거나 신학적 논쟁을 하자고 내놓은 책은 더더욱 아니다. 지금까지 분단된 한반도에 살면서 통일을 위해 기도하며 실제 행동한 선한 그리스도인들의 이야기와 레브 에하드 통일기도 네트워크의 기도회 현장에서 함께 나누고 선포한 내용이 담긴 책이다.

이 책을 접하는 독자들에게는 마지막 장인 12강을 먼저 읽기를 권한다. 거기에는 전체 내용이 축약되어 있기 때문이다. 처음부터 모두 읽으려 할 필요는 없다. 각 소제목을 보고 공감되는 부분부터 읽어도 좋다. 매년 6·25 주간이 되면 통일을 위해 어떤 메시지를 선포해야 할지 고민하는 사역자들에게, 그리고 한반도 복음화를 통해 이뤄지는 통일을 추구하는 통일 사역자들과 기도하는 성도들에게 작은 도움이라도 되기를 소망한다. 이 책의 주인은 먼저 그리스도 안에서 한반도를 하나 되게 하실 주님이시다. 그리고 주님의 뜻이 이 땅에서 온전히 이뤄지기를 갈망하는 기도자들이다.

2023년 3월

주님의 작은 종, 송 바 울

차례

서문   4

제1강   선교통일의 필요성
Ⅰ. 한반도에 이루어져야 할 통일   13
Ⅱ. 메타(Meta) 통일의 길   19
Ⅲ. 성경적 통일론   24

제2강   선교통일의 카이로스
Ⅰ. 선교통일론 이해   30
Ⅱ. 통일의 크로노스   35
Ⅲ. 통일의 카이로스   40

제3강   선교통일의 열린 틈
Ⅰ. 통일의 가능성   49
Ⅱ. 선교통일론 사역사(使役史)   51
Ⅲ. 선교통일의 정의와 성경적 선교통일의 길   57

제4강   선교통일의 축복(blessing)

    Ⅰ. 통일의 아포리아(ἀπορία)   68
    Ⅱ. 선교통일의 통해력   74
    Ⅲ. 선교통일의 축복(blessing)   77
    Ⅳ. 선교통일을 이룬 한반도   79

제5강   선교통일의 그레이트 비전

    Ⅰ. 큰 비전을 주시는 하나님   83
    Ⅱ. 선교통일 비전의 성취자   87
    Ⅲ. 한반도에 성취되는 꿈   91
    Ⅳ. 선교통일 비전의 영향력   93

제6강   선교통일의 샘물

    Ⅰ. 선교통일의 샘물이 필요한 곳   101
    Ⅱ. 샘물이 솟아나는 곳   106

제7강 블루오션(Blue ocean) 선교통일

- Ⅰ. 레드오션 통일   117
- Ⅱ. 한국 기독교의 레드오션 통일론   120
- Ⅲ. 블루오션 선교통일   121
- Ⅳ. 선교통일의 영적 싸움   128
- Ⅴ. 블루오션 선교통일의 열매   131

제8강 선교통일의 절대적 가치

- Ⅰ. 가치평가   135
- Ⅱ. 절대적 가치   138
- Ⅲ. 선교통일의 가치   141
- Ⅳ. 선교통일 가치의 성경적 정당성   145
- Ⅴ. 선교통일의 절대가치 실현   147

제9강 선교통일의 사(四)통길

- Ⅰ. 분단 한반도의 역사   153
- Ⅱ. 극복해야 할 분단   156
- Ⅲ. 사통통일의 길   160
- Ⅳ. 극복해야 할 분열의 영   166

제10강   선교통일의 사역자 디자인

    Ⅰ. 선교통일 사역자   170
    Ⅱ. 선교통일 사역자의 역할   173
    Ⅲ. 선교통일 사역의 디자인   181

제11강   선교통일 목회의 본

    Ⅰ. 선교통일 목회의 개념   192
    Ⅱ. 선교통일 목회로의 목회 패러다임 전환   196
    Ⅲ. 선교통일 목회 접근   200
    Ⅳ. 선교통일 목회의 본   203

제12강   때가 찬 선교통일의 메시지

    Ⅰ. 때가 찬 선교통일의 11가지 메시지(1)   211
    Ⅱ. 때가 찬 선교통일의 11가지 메시지(2)   212

선교통일은 한반도가 통일될 수 있는 유일한
길이다. 다른 방법으로는 통일의 길이 보이지
않는다. 마음과 체제, 이데올로기 모두
둘로 나눠진 한반도의 온전한 통일은 오직
선교통일밖에 없다. 하나님은 북한 주민이
구원을 받고 진리를 아는 데 이르기를 원하신다.

선교통일의 필요성

01

제 1 강

선교통일의 필요성

한반도는 지금 보이는 두 개의 나라와 보이지 않는 두 개의 나라, 이렇게 넷으로 나뉘어 있다. 실제로 존재하는 남한과 북조선, 그리고 남한에도 북조선에도 없는 북한, 북조선에도 남한에도 없는 남조선.

남한은 통일을 이루겠다고 실체도 없는 북한과 대화하면서 한민족공동체 통일론을 주장하고, 북조선은 실체도 없는 남조선과 하나를 이루겠다고 고려민주연방공화국을 운운하며 수령 통일론을 주장한다. 6·25전쟁 휴전 이후 70년(바벨론 포로 귀환), 이제는 하나 됨을 선언할 통일의 시간이 되었지만 여전히 남북은 닫힌 통일론에 묶인 채 분단을 이어가는 데 무한 경쟁할 뿐이다.

Ⅰ. 한반도에 이루어져야 할 통일

1. 통일의 필요성

'통일이 반드시 되어야 하는가?'에 대한 설문조사는 확연히 다른 두 가지 답변을 보여주고 있다. 한반도의 통일문제를 다루며 연구한 이들은 대다수가(97.7%) '통일은 반드시 되어야 한다'고 답한다. 반면, 북한과 통일을 모르는 일반 대중은 거의 절반(55.8%)이 '지금처럼 두 나라, 두 국가체제 그대로 살아도 무방하다'고 생각한다. 체제통일이 된 이후 사회통합의 진통을 감당키 어려워하는 세대들은 '통일을 원치 않는다'고까지 대답한다. 그래도 민족 통일에 대한 갈망을 품고 있는 50대와 그 이상의 연령층은 '통일은 반드시 되어야 한다'(63.8%)고 대답하지만 젊은 세대는 생각이 다르다. 20대 가운데 '통일이 반드시 되어야 한다'고 생각하는 청년은 10명 중 3명 정도(30.7%)에 불과하다.

최근 몇 년간의 보고서를 보면, 청년층 가운데서도 남한 청년들과 탈북 청년들은 현저히 차이가 난다. '반드시 통일되어야 한다'고 대답하는 탈북 청년은 80% 이상이다. 같은 땅에 살면서도 이렇게 다른 이유는 삶의 경험이나 그 영역에서 차이가 나기 때문이다. 북과 남 모두를 살아본 탈북 청년들에게 한반도는 반드시 하나가 되어야 할 이유가 있는 땅이다. 북쪽 고향에 대한 향수도 있겠지만 그보다는 어둠의 권세에 속박되어 살고 있는 혈육을 외면할 수 없기 때문이다. 이것은 남한 청년과 탈북 청년의 한반도에 대한 애정의 정도가 다르기 때문에 나타나는 현상이기도 하다.

'반드시 통일이 되어야 한다'고 응답하는 이들에게 그 이유를 물었을 때 '같은 민족으로서의 동질성 회복과 민족문화 계승을 위해서'라고 응답한 이는 17.5%, '인도적 입장에서 이산가족의 고통을 해결해주기 위해서'라고 응답한 이는 4.2%, '나라의 번영 발전 측면에서 북한 주민들을 잘 살 수 있도록 하기 위해서'라고 응답한 이는 2.2%, '세계 평화에 이바지한다는 측면에서 남북 간 전쟁 위협을 없애기 위해서'라고 응답한 이는 29.6%, '통일한국이 강대국(Great Korea)이 되기 위해서'라고 응답한 이는 45.2%였고, '기타'가 1.3%로 나왔다(서울대 통일평화연구원).

2. 통일비용과 통일편익

통일비용보다 통일편익이 훨씬 크다. 통일되면 인구와 영토가 확장되어 영토는 현재 남한의 2.5배로 늘어나 영국과 비슷한 수준이 된다. 인구는 41위에서 26위로 상승해 남한의 출산율 저하와 고령화 문제를 해결할 수 있다. 또한 물류 중심국가가 되고 대륙횡단 철도의 종점이 되어 엄청난 관광객을 유치하여 막대한 수입을 창출할 수 있다.

북한의 노동력과 남한의 자본과 기술이 결합하면 시너지 효과를 극대화할 수 있다. 북한의 지하자원은 희토류 매장량만도 4,800만 톤으로 세계 2위다. 이를 잠재가치로 하면 7,000조 원이나 된다. 북한의 모든 지하자원에 남한의 고급 노동력과 자본이 결합하면 그 가치는 수십 배로 올라갈 것이다. 이로 인해 경제는 폭풍 성장할 가능성이 높고, 통화가치도 상승하게 된다. 통일된 한반도는 투자가들에게 매력 있는 세계 최대의 투자처로 급부상하게 되어 최적의 경제 대국이 되는 동력으로 작동할 것이다.

국회예산정책처에서 연구한 보고서에 따르면, 통일비용은 4,600조 원인 반면 통일의 경제적 편익(통일편익)은 1경 4,400조 원이 된다. 통일비용보다 통일편익이 3배가 넘는 것이다. 미국 투자은행 골드만삭스는 남북이 통일되면 30~40년 후 국내총생산이 프랑스, 독일, 일본 등을 넘어설 수 있을 것이라고 예측하고 있다.

3. 한반도 통일과 주변 강국

한반도와 이해관계가 있는 국가 지도자들은 한반도의 통일에 부정적이다. 남북이 합쳐질 경우 일본은 무장국가로 군대를 가질 명분이 약화된다. 중국과 러시아는 북한의 지하자원 개발권으로 값싸게 얻을 수 있었던 자원을 더 이상 획득하지 못하게 된다.

중국은 동북 3성의 조선족이 경제와 문화적으로 통일 한반도에 편입되어 사실상 독립하는 것을 우려하지 않을 수 없게 된다. 미국도 마찬가지다. 미국 입장에서 한반도의 지정학적 가치는 중국과 러시아를 견제하는 데 있다. 하지만 한반도가 통일되면 주한미군의 주둔 명분은 당연히 사라질 것이고, 통일된 한반도가 미국과의 절대 우방 관계를 지속할 것인지에 대한 의구심을 가질 수밖에 없을 것이다. 분단으로 인해 남한은 약 431억 달러(약 50조 2,070억 원)의 국방비를 지불하고 있으며, 이는 세계 10위권에 해당한다. 남한은 2009년부터 2018년까지 10년 동안 F-35A 스텔스 전투기 40대, 무인정찰기 글로벌 호크 4대 등 62억 7,800만 달러(약 7조 3,115억 원)의 무기를 미국으로부터 수입했다.

주변 강국들은 우리가 통일 한반도를 이루는 것을 흔쾌히 원치 않을 것이다. 한반도를 미·중의 정치적 완충지대로 남겨두고 싶기 때문이다. 정치학자 그레이엄 앨리슨은 '투키디데스의 함정'(Thucydides trap) 이론을 발표했다. 새로 부상하는 세력이 지배세력의 자리를 빼앗으려 위협해 올 때 극심한 구조적 긴장이 발생하는 현상을 말하는 것으로, 한반도는 지정학적으로 이 투키디데스의 함정에 빠져 있다. G2 반열에 오른 중국이 '일대일로'(一帶一路, One belt One road) 정책을 앞세워 아시아를 넘어 유럽·아프리카까지 정치·경제적 영향력을 확대해 나가자 미·중 양국의 충돌이 곳곳에서 발생하고 있다. 양국 사이의 통상분쟁, 사이버 공격, 해상 무력시위 등이 끊이질 않고 있는 상황이다.

지난 500년 동안 패권국과 도전국의 갈등은 16회가 있었는데, 그중 12번이 전쟁으로 귀결되었다. 도전국의 힘이 빠르게 성장하면서 패권국을 위협했기 때문이다. 지금 한반도에서 중국이 돕는 북한과 미국이 돕는 남한이 전쟁으로 치달을 여지는 얼마든지 있다. 한반도에 투키디데스의 함정 현상이 일어나지 않도록 하려면 반드시 전쟁 없는 통일을 이뤄야 한다.

남한은 일본과 경쟁관계에 있다. 한·일 무역분쟁(2019), 영토분쟁(독도) 속에서 2017년 아베 정권은 "한국에서 전쟁이 발생하면 피난민을 가려 받을 것이다. 한반도에서 전쟁이 나야 일본이 산다. 그래서 한반도 전쟁을 원한다"는 일본 우익의 망발을 그대로 인용한 적도 있다.

4. 한반도에 이루어져야 하는 통일

우리가 바라는 통일은 민족과 국토를 하나로 복원하는 재통일(re-unification)이나 자유민주적 기본질서(생명권, 자유권, 행복추구권) 안에서 시장경제가 실시되고 다원적 복지사회가 건설되는 신통일(neo-unification)이다. 6·25전쟁(남한 189만 8,480명, 북한 332만 명 사상) 이후 분열과 갈등, 상처를 치유하는 마음 통일의 필요성이 부각되었다.

단일체제로 통치하는 체제 통일과 한반도를 자유롭게 왕래하는 영토 통일, 그리고 자유로운 문화와 정치, 경제가 하나된 한반도의 통일은 전쟁 없이 이루어져야 한다. 하지만 북한은 끝없는 무기경쟁 속으로 남한을 끌어들이고 있고 남북은 전쟁연습을 멈추지 않고 있다. 특히 북이 개발하고 있는 핵무력은 최악의 상황을 만들어가고 있다. 2017년 노벨 평화상을 수상한 핵무기폐기국제운동(ICAN) 대표인 히로시마 원폭 생존자 세츠코는 이렇게 말했다.

"저는 여러분이 우리 주변에서 솟아오르는 25만 개의 거대한 핵 구름을 느끼시기를 바랍니다. … 핵무기 개발은 국가의 위대함을 의미하는 것이 아니라 가장 어두운 타락의 깊이로 내려가는 것을 의미합니다. 이러한 무기는 필요악이 아닙니다. 궁극적인 악입니다."

북한은 지금 '악'을 한반도에 끌어들이고 있다. 향후 한반도에서 전쟁이 일어난다면 핵전쟁이 될 것이다. 한반도는 반드시 전쟁 없는 통일로 가야 한다.

Ⅱ. 메타(Meta) 통일의 길

1. 가능한 통일론

지금까지 남북한이 주장한 통일론으로는 통일이 불가능하다. 전 세계를 양분하고 있는 자본주의와 사회주의의 첨예한 갈등 속에 있는 한반도가 전쟁과 이념 흡수의 방식으로 통일한다면 사회통합을 이루는 과정은 지난(至難)할 수밖에 없다. 아니, 거의 불가능에 가까울 정도다.

그러므로 남북분단의 모든 문제를 해결할 수 있는 초월적(메

타) 통일의 방안이 필요하다. 그것은 바로 선교통일론이다. 지금의 남북한 현실에서 통일은 하나님의 특별한 개입을 통해서만 가능하다. 남북이 복음 안에 거하게 될 때 우리 민족이 원하는 통일은 하나님의 때가 찬 경륜 가운데서 반드시 이뤄질 것이다. 한반도에서 가장 성취 가능한 현실적 통일은 선교통일이다.

선교통일이란 복음화로 이루어지는 하나님 나라 안에서 에하드(אחד, 하나 됨)되어 하나님께 영광을 돌리는 통일이다. 선교를 통해 남북이 복음 안에서 하나 될 때 이루어지는 통일은 현재 진행 중인 것으로 현실 가능한 통일론이다.

2. 메타 통일과 복

레위기 26장 5절부터 12절까지를 보면 다섯 가지 복이 나온다. 첫째, 안전하게 거하는 민족(live in safety in your land), 둘째, 평화를 누리는 민족(peace in the land), 셋째, 대적을 극복하는 민족(pursue your enemies), 넷째, 번성하며 창대한 민족(fruitful and increase), 다섯째, 하나님이 거하시는 민족(be your God)이 되는 것이다.

선교통일은 핵무력을 막고 안보위협을 종식하는 길이다.

"그가 열방 사이에 판단하시며 많은 백성을 판결하시리니 무리가 그들의 칼을 쳐서 보습을 만들고 그들의 창을 쳐서 낫을 만들 것이며 이 나라와 저 나라가 다시는 칼을 들고 서로 치지 아니하며 다시는 전쟁을 연습하지 아니하리라"(사 2:4)

"그가 많은 민족들 사이의 일을 심판하시며 먼 곳 강한 이방 사람을 판결하시리니 무리가 그 칼을 쳐서 보습을 만들고 창을 쳐서 낫을 만들 것이며 이 나라와 저 나라가 다시는 칼을 들고 서로 치지 아니하며 다시는 전쟁을 연습하지 아니하고"(미 4:3)

선교통일은 북한의 무너진 영적 터를 다시 회복하는 길이다.

"네게서 날 자들이 오래 황폐된 곳들을 다시 세울 것이며 너는 역대의 파괴된 기초를 쌓으리니 너를 일컬어 무너진 데를 수보하는 자라 할 것이며 길을 수축하여 거할 곳이 되게 하는 자라 하리라"(사 58:12)

"그들은 오래 황폐하였던 곳을 다시 쌓을 것이며 예로부터 무너진 곳을 다시 일으킬 것이며 황폐한 성읍 곧 대대로 무너져 있던 것들을 중수할 것이며"(사 61:4)

3. 메타 통일의 필수요소

첫째, 복음이 있어야 한다. 북한 땅 흑암에 행하던 백성이 큰 빛을 보고 사망의 그늘진 땅에 거주하는 자에게 빛이 비쳐야 한다.(사 9:2) 주님께서 한반도를 창성하게 하시고 그 즐거움을 더하게 하셔서 추수하는 즐거움과 탈취물을 나눌 때의 즐거움같이 우리 민족이 주 앞에서 즐거워하는 통일이 이루어져야 한다.(사 9:3) 한반도에 무겁게 메인 멍에와 채찍, 그 압제자의 막대기를 주께서 꺾으시는 것을 통해(사 9:4) 통일이 이뤄져야 하는데, 이를 위해서는 주님이 우리와 함께 계셔야 한다.

> "이는 한 아기가 우리에게 났고 한 아들을 우리에게 주신 바 되었는데 그의 어깨에는 정사를 메었고 그의 이름은 기묘자라, 모사라, 전능하신 하나님이라, 영존하시는 아버지라, 평강의 왕이라 할 것임이라 그 정사와 평강의 더함이 무궁하며 또 다윗의 왕좌와 그의 나라에 군림하여 그 나라를 굳게 세우고 지금 이후로 영원히 정의와 공의로 그것을 보존하실 것이라 만군의 여호와의 열심이 이를 이루시리라"(사 9:6~7)

둘째, 복음 전파자가 있어야 한다. 예수님이 전해주신 복음을 받은 자들이 때를 얻든지 못 얻든지 담대히 이 복음을 전파해야 한다. 선교통일이 이루어지기 위해서는 강력한 복음의 전파자가 있어야 한다.

> "좋은 소식을 전하며 평화를 공포하며 복된 좋은 소식을 가져오며 구원을 공포하며 시온을 향하여 이르기를 네 하나님이 통치하신다 하는 자의 산을 넘는 발이 어찌 그리 아름다운가"(사 52:7)

셋째, 복음의 능력이 나타나야 한다. 복음이 남한은 물론이거니와 북한에서도 능력으로 나타나야 한다. 복음이 복음되도록 강력하게 역사해야 한다.

> "주의 성령이 내게 임하셨으니 이는 가난한 자에게 복음을 전하게 하시려고 내게 기름을 부으시고 나를 보내사 포로된 자에게 자유를, 눈먼 자에게 다시 보게 함을 전파하며 눌린 자를 자유롭게 하고 주의 은혜의 해를 전파하게 하려 하심이라 하였더라"(눅 4:18~19)

복음의 능력 안에서 이루어지는 통일은 하나님의 의로 말미암아 이루어지는 통일(롬 1:17)로 이는 이데올로기 분쟁을 극복하는 길이다. 이는 또한 오직 하나님의 은혜의 역사(엡 2:8)로 분쟁과 갈등 해결의 대안이 된다. 복음의 능력은 십자가(고전

1:18)와 섬김과 헌신(빌 2:5~11)을 통해 하나님의 사랑으로 나타나며, 이는 부활의 능력 안에서(고전 15:21, 24) 이루어지는 통일로 불가능한 일들의 유일한 대안이다.

III. 성경적 통일론

1. 선교통일의 개념

선교통일론의 핵심 성경은 에베소서다.

> "하늘에 있는 것이나 땅에 있는 것이 다 그리스도 안에서 통일(ἀνακεφαλαιώσασθαι, 하나로 모음: 하나의 머리 아래에서 종합되고 질서와 조화를 갖는 것)되게 하려 하심이라"(1:10)
> "그는 우리의 화평이신지라 둘로 하나를 만드사 원수 된 것 곧 중간에 막힌 담을 자기 육체로 허시고"(2:14)
> "우리가 다 하나님의 아들을 믿는 것과 아는 일에 하나가 되어 온전한 사람을 이루어 그리스도의 장성한 분량이 충만한 데까지 이르리니"(4:13)

예수님은 십자가를 앞두고 기도하실 때(요 17장), 삼위일체 하나님이 상호 순환적으로 하나 되심같이 우리가 하나 되기를 위해 기도하셨다. 우리는 그리스도의 지체로 하나 되어 은사의 갈등을 극복하고(고전 12:12~13), 교회의 정체성을 분명히 하며(엡 1:21~22), 예수와 유기적으로 연결되고(엡 4:15~16), 예수의 머리 됨을 믿어야 한다.(골 1:18)

북한의 주체사상은 신본주의를 대적하는 철저한 인본주의다. 주체사상에서 주장하는 사회정치적 생명체론은 수령과 인민대중의 상호 순환적 하나 됨을 말하고 있다. 이는 차별적 유기체론에 근거한 것으로 수령을 뇌수로, 계급·계층을 차별적 지체로 엮어 백두혈통과 핵심계층만을 위하는 통일 공동체 사상이다.

주체문예의 대표가 되는 혁명연극 '성황당'은 김일성이 16세 때 직접 지도 공연했다고 하는데 그 주제가 가사는 이렇다.

> 천대받는 머슴살이 총각이지만 야학에서 배우더니 눈이 떴다네
> 인민을 속여먹는 온갖 원쑤들, 웃음과 지혜로 족쳐 버리네
> 저마다 신성한 채 날뛰는 무리, 지혜 많은 총각한테 걸려드누나
> 무당도 부처님도 하느님도 모조리 모조리 걸려드누나
> 얼씨구 절씨구 좋네 미신에서 깨어났네
> 십년 묵은 학질 떼듯 성황당 귀신을 뚝 떼어 버렸네
> 얼씨구 좋아라 춤도 절로 난다

하느님도 부처님도 사주팔자도 모두 없다네

얼씨구 좋아라 새 길을 찾자

북한은 이렇게 기독교마저 미신으로 취급하며 모두 없애버렸다고 하지만 지금 북한 내에는 귀신들이 더 강하게 날뛰며 각 지역에서 유명한 점쟁이들이 왕성하게 활동을 하고 있다. 북한은 우상이 된 수령을 섬기는 어둠의 땅이 되었다.

선교를 통해 이 어둠의 땅 북한에 때가 찬 하나님의 나라가 도래하여 회개하고 복음을 믿게 해야 한다.(막 1:15) 하나님 나라가 북한에 임하도록 해야 한다.(눅 17:21) 북한으로 하여금 오직 십자가를 통한 하나님의 능력을 받게 해야 한다.(고전 1:18)

2. 선교통일론의 핵심

복음은 화해의 능력을 소유하고 있다. 야곱과 에서, 요셉과 형제들을 화해시키고, 갈라진 민족을 하나로 모을 수 있다.(사 11:12~13) 북한체제는 무자비한 잔인함으로, 이슬람은 용서 없는 심판으로 죄지은 자를 다루지만, 예수님은 용서와 관용으로 화해케 하신다. 하나님은 분단된 한반도에 선교통일을 명하신다.(겔 37:15~17) 두 막대기를 합하여 하나가 되게 하라고 하신다. 이 한반도가 예수 안에서 한 민족이 될 것임을 말씀하신다.

"그 땅 이스라엘 모든 산에서 그들이 한 나라를 이루어서 한 임금이 모두 다스리게 하리니 그들이 다시는 두 민족이 되지 아니하며 두 나라로 나누이지 아니할지라"(겔 37:22)

3. 한반도 통일의 유일한 길

선교통일이 이루어지기 위해서는 복음을 부끄러워하지 말고 자랑스러워해야 한다.(롬1:16) 성령의 능력으로(행 1:8) 당당하게 남북한 온 땅에 복음을 전파해야 한다.(막 16:15) 이는 사람의 능력이 아니라 하나님의 힘과 능으로 되는 것이다.(슥 4:6)

선교통일은 한반도가 통일될 수 있는 유일한 길이다. 다른 방법으로는 통일의 길이 보이지 않는다. 마음과 체제, 이데올로기 모두 둘로 나눠진 한반도의 온전한 통일은 오직 선교통일밖에 없다. 하나님은 북한 주민이 구원을 받고 진리를 아는 데 이르기를 원하신다.

"하나님은 모든 사람이 구원을 받으며 진리를 아는 데에 이르기를 원하시느니라"(딤전 2:4)

한반도를 하나 되게 할 다른 복음은 없다.

> "하늘로부터 온 천사라도 우리가 너희에게 전한 복음 외에 다른 복음을 전하면 저주를 받을지어다"(갈 1:8)

선교통일을 통해 우리 민족은 하나가 되어 하나님께 영광을 돌리는 민족이 될 것이다.(고전 10:31, 롬 15:5~6)

'현대 선교의 아버지' 윌리엄 캐리는 "하나님으로부터 위대한 일을 기대하고 하나님을 위해 위대한 일을 시도하라"(Expect great things from God, attempt great things for God)고 선포했다. 그는 이 선포대로 인도로 가서 위대한 일을 시도했고, 선교의 아버지가 되었다.

오늘 우리는 분단의 장벽을 허물지 못하고 그 대안조차 찾지 못하는 한반도 앞에 선교통일의 위대한 일을 기대하고 선포해야 한다. 이를 위해 하나 된 통일 한반도가 땅끝 선교의 문을 여는 위대한 일을 시도해야 한다.

선교통일의 카이로스

제 2 강

선교통일의 카이로스

I. 선교통일론 이해

이제 체제나 이념을 뛰어넘은 통일 논의가 필요하다. 기존의 국가주의, 정치주의, 민족주의, 이데올로기의 벽을 넘지 못하는 통일론은 아무리 그 안에서 창의적인 방법을 모색한다 해도 한반도 분단의 문제 앞에 속수무책이다. 초월적 통일인 선교통일은 인간적 방법의 한계를 깨닫는 상황에서 하나님의 전적 개입을 통해 시작된다.

선교통일의 카이로스를 위해 우리가 할 수 있는 최상의 사역은 기도하는 것이다. 그래서 나는 매주 선교통일을 갈망하는 이들과 남한의 100대산을 오르며 연리근(連理根) 된 나무같이 연합해 기도하고 있다. 때론 암릉(巖陵)에 올라 굳세게 버티고 서서 기도할 때도 있다. 그때마다 연합의 파워, 합력해서 하는 기도의 힘을 체험한다.

1. 선교통일론의 통일, 선교, 하나님 나라

'때가 찬 선교통일론'을 설명하기 위해 사용하는 핵심 용어인 '통일', '선교', '하나님 나라'는 다음과 같이 정의할 수 있다.

'통일'이란 때와 방법(When, How) 차원에서는 '선교(복음화)를 통해 하나님이 역사하시는 카이로스의 순간에 이루어지는 통일'을, 내용(What) 측면에서는 '하나님 나라 안에서 성취되는 통일'을, 주체(Who) 면에서는 '그리스도 안에서 성령의 역사로 이루어지는 통일'을 말한다.

'선교'란 '그리스도의 십자가 피로 화해를 이루시고 하늘과 땅의 모든 것을 그리스도 안에서 하나 되게 하신 복음을 전파하여 이 땅을 변화시키는 것'이다. 이때 '복음'이란 그리스도의 존재(being)와 사역(doing) 전체를 포함한 예수의 십자가와 부활을 말하며, 오늘날 우리를 구원하시며 한반도 복음화를 통해 하나 되게 하시는 살아계신 주님의 임마누엘을 뜻한다.

'하나님의 나라'란 '예수 안에서 때가 차서 도래한 나라로, 회개하고 복음을 믿는 자들에게 이루어지는 나라'다. 하나님의 나라는 삼위일체 하나님의 통치가 이루어지고 창조주 하나님의 목적이 성취되는 곳이며, 새로운 피조물 된 자들이 예수 안에서 하나 되어 하나님을 영화롭게 하며 그의 영광을 찬미하는 곳이다. 그곳은 또한 하나님의 자녀 된 권세를 회복하여 임마누엘 주와 동행하는 곳이다. 이 나라는 이미 왔지만(성육신), 아직 오지 않은(재림) 나라다.

2. 선교통일의 핵심 키워드 '통일'(ἀνακεφαλαιώσασθαι)

선교통일론의 핵심 키워드는 '아나케팔라이오사스다이'(ἀνακεφαλαιώσασθαι)다. 이 단어를 개역성경은 '통일되게 하려 하심이라'고 번역했다. 이 단어는 '아나'(ἀνα)와 '케팔라이온'(κεφαλαιον)이 합쳐진 것인데, 아나는 '가운데'라는 뜻이고, 케팔라이온은 '머리, 주요한 것, 요점, 요약, 총계'라는 의미다. 우리 문화와는 다르게 희랍 문화권에서는 셈을 할 때 총계를 제일 먼저 쓴다. 이런 어휘적 속성을 따라 '머리'라는 뜻으로 또는 '주요한 것'이라는 말로 사용되었고, '최종적 합계'라는 의미가 확장되어 '요약' 혹은 '요점'으로도 사용되었다고 유추해볼 수 있다. 에베소서 1장 10절 "하늘에 있는 것이나 땅에 있는 것이 다 그리스도 안에서 통일되게 하려 하심이라"는 말씀을 언어적 배경과 문맥, 원어의 의미를 따라 직역하면 '그리스도 안에서 하늘에 있는 것이나(τὰ ἐπὶ τοῖς οὐρανοῖς) 땅에 있는 것이(τὰ ἐπὶ τῆς γῆς) 분리되어 다른 합을 내는 일이 없이 하나로 총합이 되는 것'이다.

'아나케팔라이오사스다이'는 '여러 가지 것들을 한가지 동일한 목적을 향해 모으는 것'이다. 이를 개역개정에서는 '통일'이라는 단어로 번역했다. 그런데 구절을 나눔에 있어 우리 성경의 10절 말씀과 원어성경 10절 말씀의 내용이 다르다. 개역개정 에베소서 1장 10절에는 그리스도 안에서 통일하시는 이유와 목적이 나오지 않는다. "그리스도 안에서 하늘에 있는 것이나 땅에 있는 것이 통일되게 하려 하심"이라고만 기록되어 있다. 그 목적이 개역개정에서는 9절 하반절에 나온다.

하지만 헬라어 원본에는 "때가 찬 경륜을 위하여"(εἰς οἰκονομίαν τοῦ πληρώματος τῶν καιρῶν)라는 말씀이 9절 끝이 아니라 10절에 나온다.("εἰς οἰκονομίαν τοῦ πληρώματος τῶν καιρῶν, ἀνακεφαλαιώσασθαι τὰ πάντα ἐν τῷ Χριστῷ, τὰ ἐπὶ τοῖς οὐρανοῖς καὶ τὰ ἐπὶ τῆς γῆς ἐν αὐτῷ,") 이 말씀에서 '오이코노미안'(οἰκονομίαν)은 집과 규범의 합성어로, 직역하면 집안일을 관리하는 것으로 문맥을 보면 하나님의 집안 관리, 즉 하나님 나라의 통치를 말하는 것이다. 이는 '때(카이로스)가 찬'(τοῦ πληρώματος τῶν καιρῶν) 상황에서 이루어지는 것이다.

때(카이로스)를 조금 더 설명한다면, "때가 찼고 하나님의 나라가 가까이 왔으니 회개하고 복음을 믿으라"(막 1:15)는 말씀에서 '때'는 카이로스를 말하는 것이다. 하나님의 예정과 섭리 속에서 특정한 사건이 특정한 시간에 이루어지는 것으로 여기서는 예수님의 성육신의 때를 말한다. 예수님이 이 땅에 오신 때뿐 아니라 그리스도 안에서 통일이 이루어지는 것도 때(카이로스)가 찬(프렐로마토스) 상황에서 이뤄지는 것으로 그 목적은 '경륜'(εἰς οἰκονομίαν)을 이루기 위한 것이다.

3. 그리스도 안에서 성취되는 통일

하나님은 주님의 지상명령을 감당하는 세계선교의 전진기지로 한반도를 사용하시기 위해 통일을 이루어 주실 것이다. 그리스도 안에서 이루어지는 통일은 하나님이 한반도를 창조하신 목적대로 하나님께 영광을 드러내며 찬송하는 일이 될 것이다.(엡 1:6, 14) 이는 그리스도의 은혜를 따라 우리에게 신령한 복을 주신(엡 1:3) 이유이기도 하다. 지금 한반도는 하나님이 주도하시는 통일의 특별한 사건이 일어나는 결정적인 순간의 장(행 1:7)이 되고 있다.

영토, 체제, 민족 통일보다 먼저 남북에 전파되는 복음에 의한

선교통일의 길이 열릴 것이다. 선교통일은 이미 시작되어 진행 중인 하나님의 사역이다. 복음이 전파되면 인종이나 민족, 계층이나 남녀를 차별하지 않고 하나가 된다. 이 '하나 됨'은 하나님이 이루시는 통일사역이다. 유대교는 선민사상을 잘못 이해하여 유대인과 이방인을 둘로 나누고 이방인을 열등한 존재로 인식하게 만들었지만, 기독교는 그리스도 안에서 유대인이나 이방인을 차별 없이 하나가 되게 한다.

복음이 남한뿐만 아니라 북한에 전파되어 한반도가 복음화된다면 우리는 더 이상 어떤 이념이나 이데올로기, 가치나 체제에 의해 분단이나 분열된 상태에서 차별된 두 민족 두 국가로 살지 아니하고, 하나님 나라 안에서 한 민족으로 살아갈 수 있게 될 것이다. 때가 찬 시간에, 그리스도 안에서(ἐν τῷ Χριστῷ) 한반도는 반드시 통일된다.

II. 통일의 크로노스

1. 알 수 없는 통일의 크로노스

분단된 한반도에 통일의 시간(크로노스)이 언제 다가올지 모른다. 통일의 시간은 그 누구도 알 수 없다. 주님만 아는 시간이다. 동독의 국가 원수를 지낸 발터 울브리히트(Walter Ulbricht)는 1961년 6월 "동서독 어느 누구도 베를린에 동서독을 가르는 장벽을 구축할 의사가 없다"고 말했는데, 그 해에 베를린 장벽이 세워졌다. 동독의 정치 지도자 에릭 호네커(Erich Honecker)는 1989년 1월, "앞으로 베를린 장벽은 50년 내지 100년은 유지될 것"이라고 말했는데, 그 해에 베를린 장벽은 무너지고 이듬해 통일이 이루어졌다. 한반도 통일도 마찬가지다. 그 누구도 크로노스의 시간으로 "몇 년쯤 지나야 통일이 될 수 있다"고 말할 수 없다. 하지만 카이로스의 때에 대해서는 말할 수 있다.

2020년 11월 12일 유튜브에 이런 글이 올라왔다. 자신을 '40년간 통일을 위해 기도한 무명의 성도'라고 하면서 통일의 때에 대한 환상을 말했다.

> "기다란 유리그릇에 10개의 눈금이 보이는데 이 눈금에 하얀 기도의 쪽지들이 차곡차곡 쌓여 9개까지 올라와 있었다. 그때 음성이 들리는데 '곧 머지않아 이 나라를 내가 다시 세울 것이다. 더욱 회개하고 금식하며 기도하라. 곧 통일이 된다'는 것이었다."

이 성도가 들은 '머지않은 시간'은 크로노스의 어느 특정한

'때'라기보다는 카이로스의 때를 말하고 있는 것으로 이해할 수 있다.

눈금 모두가 차는 데 걸린 시간이 70년이라고 한다면 한 눈금은 7년이다. 이렇게 계산을 한다면 2020년을 기점으로 2027년이면 한반도에 통일이 오는 것이라고 해석할 수 있다. 물론 이것은 한 무명의 성도가 기도 가운데 본 환상이기에 일반화하기는 어렵다. 아무튼 이 성도에게 보여준 때가 크로노스의 시간이 아니고 카이로스라고 한다면 '그 때'는 우리가 알 수 있는 시간이 아니다. 1년이 될 수도 있고 10년 이상이 될 수도 있다. 중요한 것은 우리의 통일을 향한 기도가 하늘에 상달되었고, 곧 통일이 이루어지는 하나님의 때가 준비되고 있다는 것이다.

독일의 통일 과정에서 이해할 수 있는 것처럼 아무도 그때를 알지 못하지만 부지불식간(不知不識間)에 통일은 다가올 것이다. 하나님의 역사 섭리와 구속사의 관점에서 볼 때 하나님의 나라와 통치가 이루어지는 역사가 한반도 땅에서 진행되고 있다면, 이미 통일은 우리에게 온 것이고 그 완성의 시간을 우리는 맞이하게 될 것이 분명하다. 선교통일의 카이로스는 '하늘에 속한 신령한 복을 주시는 예수 안에서 그리스도를 머리로 하여 모든 피조물이 하나가 되어 하나님의 창조목적을 성취하기 위하여 하나님의 통치 가운데로 들어가는 때'를 말하는 것이다.

2. 통일에 대한 갈망과 조급함

복음을 자유롭게 전파할 수 없는 북한을 생각하면 마음이 조급해진다. 마치 아담과 하와 같은 마음이다. 범죄하여 하나님의 심판을 받고 에덴동산에서 쫓겨난 아담과 하와가 아들을 낳은 후 이름을 가인이라고 지었다. 그 뜻은 '여호와 남자를 낳았다'는 뜻이다. 왜 이런 이름을 지었을까? 아담과 하와는 범죄 이후 하나님이 사탄을 심판하실 때 하신 말씀을 기억하고 지금 그 말씀이 이루어진 것이라 믿었던 것이다.

> "내가 너로 여자와 원수가 되게 하고 네 후손도 여자의 후손과 원수가 되게 하리니 여자의 후손은 네 머리를 상하게 할 것이요 너는 그의 발꿈치를 상하게 할 것이니라 하시고"(창 3:15)

이 말씀대로 하나님이 여자의 후손으로 가인을 주신 것이라 확신했기에 하와는 아들을 낳고 "내가 여호와로 말미암아 득남하였다"(창 4:1) 하고 말한 것이다. 하지만 창세기 4장 1절의 히브리어 원문에는 '말미암아'라는 표현이 없다. 원문을 직역하면 '여호와 남자를 낳았도다'이다. 사탄의 머리를 상하게 할 여호와 남자는 예수 그리스도이시다. 하지만 조급했던 아담과 하와는 가인이 바로 그 남자라 생각했고, 이에 부응하지 못하는 가인의 모습에 실망했던 것이다.

아담과 하와는 가인의 동생을 낳고 이름을 아벨이라 했다. 아벨의 뜻은 '허무하다'이다. 아담과 하와가 지은 이름이 분명한데, 이렇게 이름을 지은 것은 가인에 대한 실망이 반영된 것이다. 가인은 하나님이 받으시는 예배를 드리는 동생 아벨을 오히려 죽였다. 아담과 하와가 에덴동산에서 쫓겨난 후 다시 돌아가고 싶은 마음에 하나님의 말씀을 조급하게 해석하고 실망한 것처럼, 우리 민족도 통일에 대한 열망 때문에 이런 조급함을 가질 수 있다.

3. 북한이 선택한 가인의 시간

가인은 아벨을 죽인 이후 여호와 앞을 떠났다. 북한은 예배자들을 죽였고, 그 이후 하나님 없는 나라를 세웠다. 가인은 이후 에녹을 낳았고, 성을 쌓은 후 에녹성이라 불렀다. 자기 스스로 안보에 나선 것이다. 그 이후 아들을 낳고 '이랏'(증거한다, 나타낸다, 과시한다라는 뜻)이라 불렀다. 이제 자력갱생으로 스스로를 지키게 되었다고 과시하는 것이다. 이후 '므후야엘'(쓸어버리다, 지워버리다의 뜻), 그 아들 '므두사엘'(하나님으로부터 떠나온 자, 하나님에 대해 죽은 자라는 뜻)로 대를 이어갔다.

북한도 김일성의 사상강국, 김정일의 군사강국에 이어 김정은의 핵·경제 병진정책을 통해 강국을 이루었다고 과시하며 영적 '이랏'을 낳고 있다. 기독교를 박해하고 박멸시키면서 영적 므후야엘과 므두사엘을 낳고, 6·25 혈육전쟁 이후 70년간 가인의 길을 걷고 있다.

　므두사엘은 라멕을 낳았다. 그는 장막에 거하며 가축을 치는 자의 조상이 되었다. 유발은 수금과 퉁소를 잡는 모든 자의 조상이 되고, 씰라는 구리와 쇠로 여러 가지 기구를 만드는 자가 된다. 가인의 후손은 이렇게 세상의 문명을 만들어 갔지만 라멕의 치유되지 않은 마음은 가인처럼 소년을 살해하는 범죄를 저질렀고, 가인이 7배의 벌을 받았다면 자신이 받을 벌은 77배라고 고백한다. 이 모습이 북한이 걷고 있는 모습이고, 하나님의 말씀을 버리고 하나님에 대해 죽은 자들이 걷고 있는 모습이다.

III. 통일의 카이로스

1. 셋의 길과 선교통일 소명자의 길

　하나님의 때가 찬 경륜을 이루기 위해 부름받아 선교통일의 길을 걷는 이들은 셋의 길을 걷는 자들이다. 셋의 족보에 나타난 이름 뜻 속에는 영적인 사람들이 어떻게 살아야 하는지, 어떤 삶을 살았는지가 잘 드러나 있다.

셋은 '정착함', '고정된 자', '세워짐', '기초'라는 뜻으로 아담이 130세에 낳은 아들의 이름이다. 아담과 하와는 아벨이 죽은 이후 셋을 낳고 비로소 마음의 안정을 찾았다. 이후 셋은 에노스를 낳았는데, 그 뜻은 '깨지기 쉽다', '약하다'이다. 인간의 나약성과 무능성을 깨달은 것이다. 이때부터 여호와의 이름을 부르며 기도하기 시작했다. 에노스는 게난을 낳았다. 게난은 '보금자리를 마련하다', '광대한 소유'라는 뜻이다. 하나님의 은혜 속에 풍성한 삶의 기반을 갖게 된 것이다. 이후 게난은 마할랄렐을 낳았다. 마할랄렐은 '하나님을 찬양한다'는 뜻이다. 마할랄렐은 야렛을 낳았는데 그 뜻은 '데리고 내려온다'이다. 주를 경배하면서 하나님의 임재를 경험하기 시작한 것이다. 야렛은 에녹을 낳았다. 에녹의 뜻은 '순종하는 자', '바치다', '봉헌하다', '시작하다', '가르치다'는 뜻이다.

선교통일 소명자는 여호와의 성호를 부르는 자이다. 통일이 하나님께 속한 일인 줄 알고 여호와를 부르는 자이며, 하늘에 속한 신령한 복, 광대한 복을 삶의 기반으로 삼은 자이고, 모든 사역의 열매를, 모든 영광을 하나님께 돌리며 찬양하고 경배하는 자이다. 선교통일 소명자는 하나님의 임재를 갈망하며 그 안에서 하나님께 순종하고 봉헌하는 삶을 사는 자이다.

2. 크로노스의 에녹과 카이로스의 에녹

창세기의 가인과 셋의 족보엔 동명이인의 에녹이 등장한다. 가인의 아들 에녹은 인간에게 순종하는 자의 상징적 인물이 된다. 가인은 성을 쌓고 아들의 이름을 따서 에녹이라 지었다. 자신의 혈통으로 세워지는 세상을 만든 것이다. 한반도의 평양은 '동방의 예루살렘'으로 하나님 나라의 도성이었지만, 김일성은 이 땅을 수령에게 순종하는 수령숭배의 성지로 만들어 버렸다. 에녹성을 쌓은 것이다.

셋의 후손으로서의 에녹은 하나님께 순종하며 아들 므두셀라를 낳은 후 300년간 하나님과 동행한다. 므두셀라의 뜻은 '창을 던지는 자'다. 당시 부족사회에서는 창지기가 부족을 지키는 자였다. 창을 던지는 자가 죽는다는 것은 그 부족사회가 적에게 패하여 망하는 것으로 심판과 종말을 뜻했다. 에녹은 므두셀라가 죽는 날, 그 땅에 심판이 임할 것을 알고 이를 전하는 선지자로 300년간 산 것이다.

므두셀라는 라멕을 낳았다. 라멕의 이름 뜻은 '능력 있는 자',

'강하다', '파괴하다'이다. 가인의 후손으로 므두셀라의 아들 라멕은 두 아내와 그 자식 셋을 통해 능력 있는 자로 살면서 문명국을 이루었다. 그는 자기중심의 독재 통치를 하며 살해를 저지르는 파괴의 삶을 살았다. 하지만 셋의 후손 라멕은 세상 심판의 때가 다가오는 걸 알면서도 심판의 공포를 믿음으로 극복하고 영적으로 강한 자, 능력 있는 자로 살았다. 라멕은 노아를 낳았고, 노아는 셈, 함, 야벳과 함께 마지막 심판의 때에 구원받을 방주를 준비하기 시작했다. 지금 우리는 에녹성이 아니라 한반도 복음화를 통해 이루어지는 선교통일의 방주를 준비해야 할 때이다.

한반도의 분단은 우리 민족이 하나님 앞에 온전히 서지 못한 죄의 결과다. 이 분단 앞에서 우리는 철저하게 회개해야 한다. 조급함 없이 하나님의 시간(카이로스)을 믿음으로 기다려야 한다. 하나님은 한반도를 이렇게 분단의 죄악 상태로 두시길 원치 않으신다. 반드시 통일의 길을 여실 것이고, 그때까지 우리는 고난의 시간을 견뎌야 한다.

3. 한반도 통일의 때가 찬 시간

하나님의 카이로스에 대한 바른 인식은 중요하다. 아담은 셋을 낳은 후 800년 동안 7세손을 보고 므두셀라의 때에 죽었다. 므두셀라는 승천한 에녹을 제외한 모든 믿음의 조상들의 죽음을 목도했다.

노아시대, 땅 위에는 하나님을 떠난 가인의 후손들이 문명을 일으키며 번성했다. 하나님을 섬기는 믿음의 사람들인 셋의 후손들은 가인의 후손인 '사람들의 딸'들의 아름다움을 보며 이들과 결혼하여 아내로 삼았다. 이때부터 셋의 후손들은 하나님의 영이 떠나고 육신이 되기 시작했다. 에덴동산 추방 이후 죄가 관영한 땅에 심판의 때가 차기 시작한 것이다.

이때 노아는 여호와께 은혜를 입었다. 그는 당대의 의인이었고, 완전한 자로 하나님과 동행하는 자였다. 인류는 노아를 통해 홍수심판에서 건짐을 받고 생존하게 된다. 노아는 오실 예수님의 예표이다. 단지 물 심판이 아니라 영원한 심판에서 우리를 건지실 예수 그리스도, 그가 오신 시간, 주님이 일하고 계시는 자리의 '때'가 카이로스다.

주님은 지금 한반도에서 일하고 계신다. 북한 땅 지하교인들 가운에서 일하고 계시고, 남한 복음화의 현장 속에서 일하고 계신다. 그러므로 지금은 한반도 통일의 카이로스의 '때가 찬' 시간이다. 선교통일을 위해 헌신하는 삶은 주님과 동행하는 삶이다. 선교통일의 카이로스를 깨닫는 자는 때와 기한은 주께 맡기고(행 1:7), 주신 권능으로 증인의 삶(행 1:8)을 살면서, 환난이나 역경을 넉넉히 극복할 것을 확신하며(롬 8:35~39), 먼저 그의 나라와 의를 구하는 삶을 살아야 한다.(마 6:33)

4. 카이로스의 기회를 붙든 자

선교통일의 카이로스를 깨달은 자는 소중한 것을 먼저 할 줄 아는 지혜가 있다. 스티븐 코비는 우선순위를 말하면서, '긴급하지도 않고 중요하지도 않은 일'보다는 '중요하지 않지만 긴급한 일'부터 해야 하고, 이보다는 '긴급하지 않지만 중요한 일'을 먼저 해야 하며, 이보다 더 먼저 해야 할 일은 '긴급하고 중요한 일'이라고 했다. 그는 중요한 건 일정표에 적힌 우선순위가 아니라 인생의 우선순위를 정하는 것이라고 했다.

한반도 땅에서 긴급하고 중요한 일은 한반도에 복음을 전하는 선교통일의 사역이다. 이 일은 때(카이로스)가 찬 하나님의 경륜을 이루기 위한 사역으로 주님이 이미 진행하고 계신다. 인간은 하나님의 창조목적을 따라 하나님이 원하시는 삶을 누리는 카이로스의 순간에 머물며 헌신하기보다는 무의미하게 삶을 흘려보내는 크로노스의 시간 속에 휩쓸려간다.

스위스의 한 노인이 80 평생 산 시간을 돌아보았다. 삶의 크로노스의 총합을 계산해보니 식사하는 데 6년, 잠자는 데 26년 등 도합 32년, 노동하는 데 21년, 남이 약속을 지키지 않아 기다리는 데 5년, 아이들과 노는 데 26일, 면도하고 세수하고 세면하는 데 28일, 넥타이를 매는 데 18일, 담뱃불을 붙이는 데 12일을 보냈다. 그러다 보니 정작 행복을 누렸던 시간은 단지 46시간뿐이었다고 고백했다. "왜 사느냐?"는 물음에 사람들은 "행복하기 위해서"라고 답하지만, 정작 이 인생이 누린 행복의 시간, 행복의 카이로스는 46시간뿐이었다는 것이다.

오늘 우리는 얼마나 하나님의 영광을 위해 살고 있는가? 하나님이 원하시는 일과 사역에 붙들려 주님이 원하시는 뜻을 이루기 위해 주어진 시간을 사용하고 있는가? 요한 웨슬리는 복음 전하는 일을 위해 하루를 5분 간격으로 계획해 사용했다고 한다. 카이로스의 기회를 붙든 자의 헌신된 삶이 우리에게 필요하다. 지금은 선교통일의 카이로스이다.

선교통일의 열린 틈

제 3 강

선교통일의 열린 틈

　한반도의 통일 환경은 사막과 같다. 투키디데스의 함정에 빠져 전쟁의 서막이 울릴 것 같은 곳, 길이 보이지 않아 통일을 생각하면 그저 막막하기만 한 곳, 태풍의 눈에 들어 있는 것 같은 고요함과 쓸쓸함이 맴도는 적막한 곳, 냉혹한 국가 이기주의에 사로잡힌 세계와 분단의 깊은 어둠의 골짜기 속에서 통일의 빛이 보이지 않는 흑막이 덮인 곳.
　한반도는 지금 서막, 막막, 적막, 흑막의 사막(四瞙)에 쌓여 사막(沙漠)의 길을 걷고 있다.

Ⅰ. 통일의 가능성

1. 막힌 통일과 열린 통일

북한의 통일전략은 '선 남조선 혁명, 후 공산화 통일'이다. 북한당국은 주민들에게 절대적 존재인 수령이 통일을 이룰 것이라는 '수령통일론'을 신화화하여 주입하고 있다. 반면에 남한의 통일전략은 한민족이라는 당위성을 바탕으로 한 '한민족공동체 통일론'이다.

북한의 수령은 고려민주연방공화국이라는 국명으로 연방제 통일 방안을 주장하고 있고, 남한 정부는 민족 연합제 통일 방안을 주장하고 있다. 중도적 노선으로 북한은 낮은 단계의 연방제, 남한은 낮은 단계의 연합제를 주장하여 일치점을 찾아보려고 하지만 전혀 협상이 이루어지지 않고 소강상태에 있다.

현재 북한은 주체 이데올로기로 적화통일을 이루겠다는 헛된 꿈 속에 체제 유지를 명분으로 핵 무력을 강화하고 있고, 남한은 경제적 우위성에 의한 흡수통일을 기대하며 기다리고 있다. 통일의 가능성 측면에서 보자면 아무것도 할 수 없는, 둘 다 닫힌 통일론이다. 무력 통일로서의 북진통일과 남침 적화통일, 체제 통일로서의 민족연합 통일이나 민주연방 통일, 주체사상에 의한 이념통일이나 자본에 의한 흡수통일 모두 막힌 통일이다.

하지만 하나님의 개입으로 성취되는 기독교의 선교통일론은 열린 통일론이다. 북한선교는 지금도 진행되고 있으며 지하교회는 확장되고 있고, 남한 교회들은 남한의 복음화와 한반도 복음화를 위해 기도와 복음전파, 섬김을 지속적으로 진행하고 있다. 그러므로 선교통일론은 한반도 통일의 열린 틈이다. 복음 안에서 영토분단과 체제분단, 마음분단과 영적 분단이 극복되어 하나 되는 길이 선교통일론 안에 열려 있다. 한반도 통일의 열린 틈은 선교통일이다.

2. 분단 극복 통일의 틈

분단을 극복하고 통일의 길을 열어감에 있어 필요한 것은 속도와 각도와 밀도다. 늘 오늘이라도 통일이 오기를 기다리지만 막힌 통일론에서 바라보는 크로노스의 시간 개념 속에서는 막연히 20년쯤 후에 일어날 가능성만 열어 놓고 있을 뿐이다. 그러나 선교통일론에서는 하나님의 카이로스의 시간 개념 속에서 이미 온, 하지만 아직 오지 않은(already, but not yet) 통일의 시간을 지내고 있다.

통일의 각도는 어떻게 통일되느냐의 문제인데, 막힌 통일론의 이데올로기나 한민족 공동체 통일 담론은 벽에 부딪혀 있는 반면, 선교통일론의 '한반도 복음화'는 여전히 생명력 있게 역사하고 있다.

통일의 밀도는 내용의 충실성으로 막힌 통일론에서는 통일의 현실화가 점점 더 희미해지는 반면, 선교통일론의 '한반도 복음화'는 그 역동성의 영역이 계속 확장되고 있고 성령 안에서 온전히 열려 있다.

II. 선교통일론 사역사(使役史)

기독교가 한반도 복음화를 통해 그리스도 안에서 통일을 이루는 비전을 가지고 사역한 모든 활동을 선교통일 사역사(使役史)라고 할 수 있다. 1945년 분단 이후 현재까지 선교통일 사역사는 시대적 흐름의 반응을 따라 6기로 구분하여 이해할 수 있다.

제1기, 반공 운동 사역기(1960~1970년)

분단 이후 기독교는 북한의 공산주의 이데올로기 문제를 파악해 반공 통일과 승공 통일의 구호 아래 남한 자유주의에 의한 흡수통일론에 동의, 이를 위해 기도하고 함께 동참해 왔다. 1966년 창립된 한국기독교반공연맹은 승공 통일을 통일 방안으로 주장했다. 1970년대엔 '북한 자유화 촉진 연합예배'를 드렸다. 다수의 교회가 한경직 목사의 신중론 입장을 따라 향후 남북한 총선거를 실시하게 될 때 국가의 생존과 교회의 생존을 위해 반공적 입장으로 단결되어야 함을 주장했다.

제2기, 평화운동 사역기(1980년대)

이 시기는 남한의 진보적 성향의 기독교 관련자들과 북한 체제 내 종교 단체인 조선그리스도교연맹의 종교인들이 만나 대화하고 공동선언을 하던 시기다. 1979년 발족된 조국통일해외기독자회는 '조국통일에 관한 북과 해외동포, 기독자간의 대화'를 오스트리아의 빈에서 개최했다.

1981년 6월 8일부터 11일까지 열린 '제4차 한독교회협의회' 이후 기독교 통일운동이 본격적으로 시작되었다. 이후 빈 선언, 핀란드 헬싱키 선언, 예장통합의 '한국교회 평화통일 선언', 기장의 '미 장로교 한국통일문제에 관한 공동선언', 한국기독교교회협의회의 '민족의 통일과 평화에 대한 한국기독교회 선언(88선언)', 1988년 남북 기독교 대표들이 글리온 회의에서 조선그리스도교연맹 측과 합의한 '한반도의 평화와 통일을 위한 글리온 선언' 등 지속적인 남북 기독교인의 대화를 통해 통일 선언이 나오는 등 평화통일운동이 이어졌다.

제3기, 대북 섬김 사역기(1990년대)

90년대 선교통일 사역은 섬김 사역이 주류를 이뤘다. 이 시기는 보수적 입장에 있던 기독교나 진보적 입장에 서 있던 기독교나 상관없이 고난의 행군 기간 죽어가는 북한 주민을 돕고 섬기는 일에 집중했다. 이때 기독교 NGO들이 설립되고 북한을 돕는 사역자들이 세워지면서 다양한 활동가들이 다수 일어났다.

한국기독교총연합회가 주축이 된 '사랑의 쌀 나누기 운동본부'가 쌀 1만 가마(1990년 3월)를 북한에 지원했고, 북한돕기운동을 전개한 15개 교단과 10개 단체의 연합기구로 구성된 '한국기독교북한동포후원연합회'는 교단별·단체별로 북한돕기운동을 진행했다. 이밖에도 기독교 NGO 단체인 국제기아대책기구, 한민족복지재단, 유진벨재단, 한국이웃사랑회, 남북나눔운동, 굿네이버스 등이 북한 지원에 나섰다.

제4기, 북한선교 일꾼 양성기(2000년대 전후)

조중 접경지대, 동북 3성 지역으로 수십만 명의 탈북자들이 쏟아져나올 때, 한국교회와 선교단체들은 이들을 선교하기 위해 북한선교에 적극적으로 뛰어들었다. 하지만 이때 한국교회는 북한선교에 대한 준비가 제대로 되어 있지 않았다. 따라서 성급히 북한선교 사역자를 양성할 수밖에 없었다.

1997년 예장통합은 소망교회 박완신 장로를 중심으로 '통일선교대학'을 시작했다. 12주간 북한선교 관련 각 분야 강사를 세워 단기교육을 실시하는 한편 조중 접경지대에서 단기선교를 실시했다. 한국기독교총연합회에서도 같은 시기에 통일선교대학을 운영했다. 2012년까지 지속적으로 단기 북한선교 과정을 개설해 4,000여 명의 북한선교 사역자를 양육했다. 신학대학교 중에는 아세아연합신학대학교 특수대학원이 1998년부터 북한선교학과를 개설해 지금까지 북한선교사를 양성하고 있다. 이밖에도 비 학위과정의 북한선교대학원 과정들이 개설되어 일꾼들을 양성했다.

탈북자들이 남한에 들어와 정착하기 시작할 때, 한국기독교탈북민정착지원협의회(2002년 10월 17일)가 세워져 하나원을 나온 탈북자들의 정착을 도왔다. 비슷한 시기, 기성 교단 가운데

대교회를 중심으로 탈북민 사역이 시작되었다.

제5기, 통일선교 연합사역기(2010년대 전후)

2010년대는 탈북민 목회자들이 교회를 개척하고, 탈북민과 남한의 성도가 함께하는 통일 세대 교회들이 개척되고 이들과 연합하는 연합단체가 세워지기 시작했다. 또한 통일과 북한선교를 위해 기도하는 중보기도 연합단체들이 일어났으며, 북한선교와 탈북민 지원, 북한선교와 통일 사역에 집중하는 단체들과 교육기관들이 세워졌다.

탈북민 사역자들의 연합회인 '북한기독교총연합회'(북기총)가 세워지고, 북한사역자 친교 모임으로 '북한선교 목회자협의회'(북사목)가 출범했다. 기도운동 단체로는 쥬빌리통일구국기도회와 에스더기도운동본부 등이 세워졌다. 통일사역 단체로는 평화한국, 에스라통일운동, 평화나눔재단, 평화통일을위한기독인연대(평화통일연대) 등이 세워졌다. 통일학교 및 기독교 학술단체로 북한선교전략학교, 통일아카데미, 통일학회 등이 세워졌으며, 통일 지도자 양성을 위해 숭실대에 통일지도자학과가 세워져 통일 지도자 양육이 시작됐다. 협의회로는 북한선교 사역자와 선교사, 목회자들이 함께 모여 한반도 통일과 북한선교를 위해 협의하는 선교통일협의회가 세워졌다. 그 외에도 각 선교단체와 NGO 단체들이 연합하여 다양한 활동을 실시했다.

제6기, 2020년대 전략적 선교통일 사역

탈북민들과 다양한 북한선교 사역을 통해 북한에 대한 지식과 정보가 축적되면서 이제 전략적 북한선교와 선교통일 사역이 필요한 때가 되었다. 지금은 선교통일의 지혜가 필요한 시기다. 교육도, 기도도, 사역도 전략적 접근이 필요하다. 향후 북한선교와 선교통일을 이루기 위해서는 전략적 선교통일 사역을 하는 기도회와 사역단체들이 세워져야 한다. 이 시기 전략적 북한선교와 선교통일을 위해 '레브에하드 기도 연합 네트워크'가 세워져 북한선교와 선교통일에 대한 로드맵을 통해 전략적으로 교육하고, 선교통일 생태계를 새롭게 만들어 가는 사역을 시작했다.

이제 통일 세대들이 통일의 주역으로 세워져야 할 때다. 통일 세대들이 전문인 영역에서 북한선교를 어떻게 할 것인지 대안을 찾고 방법을 모색하기 위한 활동을 더 적극적으로 실시해야 할 때가 되었다. 이때 필요한 교육은 '북한에 대한 바른 이해와 전략적 선교를 위한 교육'이다. 또한 통일과 북한선교를 위한 연합기도가 진행되어야 하고, 다음 세대 통일 리더십 확보와 전문인 북한선교 사역자 세우기를 해야 한다.

뿐만 아니라 선교통일의 시야를 넓혀 거시적 북한선교 연합 네트워크 사역을 위한 북한 내지 선교사(NK), 남한의 북한 선교사(SK), 디아스포라 한인 북한 선교사(DK), 외국인 북한 선교사(LK) 및 전 세계 북한선교 국가 연합(동북아시아, 동남아시아, 중서부아시아, 중동, 러시아 극동지역, 동구권, 북미, 남미, 유럽, 오세아니아, 아프리카 북한선교와 통일사역 연합) 선교 네트워크 사역이 이루어져야 한다. 이를 위한 선교통일전략연구소 등 전략적 선교 연구기관들이 세워져 집중적인 선교통일전략을 제시해야 한다.

III. 선교통일의 정의와 성경적 선교통일의 길

1. 선교통일과 선교통일 신학의 정의

선교통일론에서 정의하는 선교통일이란 '선교(복음화)를 통해 이루어지는 하나님의 나라 안에서 하나(에하드) 되어 하나님께 영광을 돌리는 통일'을 말한다. 박정수 교수(성결대학교 신약

학)는 "성서적 통일 신학은 분단된 세계에서 살아가는 그리스도인들이 남과 북의 적대적 관계를 화해시키고자 성서적 세계관에 근거를 두고 실천하는 행동의 신학"이라고 정의했다. 통일 신학이 실천 행동의 신학이라고 한다면 선교통일 신학은 선교를 구체적 실천 행동으로 하는 신학이다.

복음화 통일을 이루기 위한 선교통일 신학은 '분단된 한반도에서 살아가는 그리스도인들이 복음 안에서 남북의 분단의식을 헤렘(멸절)시키고 말씀 안에서 한반도가 하나 되는 통일이 성취되도록 통일의 길을 열어 세계선교의 지상명령을 성취케 하는 선교 신학'이라고 정의될 수 있다.

2. 성경적 선교통일의 길

토라(모세5경) 속에는 분단의식을 극복하기 위해 헤렘(멸절)시켜야 할 삶의 유형(pattern)과 선교통일을 이루기 위해 본받아야 할 삶의 유형이 있다.

헤렘 시켜야 할 분단의식 유형

지난 시간 강의를 반복해 보면 아담(제1조상)은 인류의 시조로 하나님 보시기에 좋았던 인간으로 창조되었다. 하지만 사탄의 유혹에 미혹되어 범죄 후 심판을 받고 에덴에서 쫓겨났다. 이후 아들을 낳고 "여호와로 말미암아 득남하였다"고 말했다. 가인의 이름 뜻은 '하나님의 남자'라는 뜻이다. 아담과 하와는 왜 아들을 낳고 하나님의 남자라고 불렀을까? 아담과 하와는 에덴동산에서 하나님께서 뱀을 저주하시며 "여자의 몸에서 날 자가 네 머리를 상하게 하리라"는 말씀(창 3:15)을 들었다. 자연스레 '하와의 몸에서 날 아들이 사탄의 머리를 상하게 하고 에덴으로 복귀할 것'이라는 소망을 가졌을 것이다. 그래서 아들을 낳자 이름을 '하나님의 남자'라고 지은 것이다.

하지만 가인의 삶은 전혀 하나님의 남자로서의 삶이 아니었다. 실망한 아담과 하와는 그 동생을 낳고는 이름을 아벨이라 했다. '공허하다, 헛되다, 덧없다'라는 뜻이다. 성장한 가인은 동생 아벨을 죽이고 말았다. 그로 인해 형제가 단절되고 가족이 갈등과 분열 속에서 갈라지는 분단의 삶을 살게 된다.

가인은 아들을 낳고 에녹이라 이름지었다. 에녹은 '순종하다, 바치다, 봉헌하다, 시작하다, 가르치다'는 뜻이다. 가인은 에녹을 통해 자신을 지킬 '에녹성'을 쌓게 된다. 에녹은 이랏을 낳았다. 그 뜻은 '증거한다, 나타낸다, 과시한다'이다. 에녹성을 쌓고 자신을 과시하는 것이다.

그 아들 므후야엘은 '하나님을 쓸어버리다. 지워버리다'는 뜻이고, 그 아들 므드사엘은 '하나님으로부터 떠나온 자, 하나님께 죽은 자, 지옥의 아들'이라는 뜻이다. 그리고 그 아들 라멕은 '강한 자, 능력 있는 자'라는 뜻으로 문명을 일으키게 된다. 아들 아다의 뜻은 '빛', 야발은 '가축 치는 자의 조상', 유발은 '수금과 통소를 잡는 모든 자의 조상', 씰라는 '어두움', 두발가인은 '구리와 쇠로 기구를 만드는 자'라는 뜻이다. 가인의 가문 속에 나타난 삶의 특징은 하나님을 사랑하지 않을 뿐 아니라 그를 떠나 자신 스스로의 세계를 구축하고, 여호와를 기억하지 않으며 철저히 인간 중심의 인본주의의 삶을 사는 것이다.

노아의 아들 함의 후손 속에도 이러한 분단의식 패턴이 이어진다. 함의 아들 구스가 낳은 니므롯은 세상의 첫 용사로 전제군주가 되어 바벨 건국의 시조와 앗수르의 조상이 된다. 둘째아들 미스라임은 애굽과 블레셋의 조상이 된다. 셋째아들 붓은 '다툼, 투쟁'이라는 뜻이다. 넷째아들 가나안은 시돈, 헷, 여부스, 아모리, 기르가스, 히위, 알가, 신, 아르왓, 스말, 하맛 등 가나안 족속을 낳게 된다. 하나같이 인간의 힘으로 하나님 없는 제국을 세우고, 인간이 만든 우상에 사로잡힌 자들이 된다.

취해야 할 통일의식 유형

가인의 범죄 이후 하나님은 아담과 하와에게 셋을 낳게 하셨다. 셋의 후손의 이름을 살펴보면 한반도 통일의 길로 나가는 통일의식이 어떤 것이어야 하는지 알 수 있다. 셋은 '고정된 자, 정착함, 세워짐, 기초'라는 뜻이다. 셋을 낳고 하나님과 에하드(하나)되는 기초가 세워진 것이다.

그 아들 에노스는 '깨지기 쉽다, 약한 자'라는 뜻이다. 인생이 스스로 겸비해져 약한 줄 알 때 여호와를 찾기 시작한다. 그 아들 게난은 '보금자리를 마련하다, 광대한 소유', 그 아들 마할랄렐은 '하나님을 찬양한다', 그 아들 야렛은 '데리고 내려온다', 그 아들 에녹은 '순종, 봉헌, 시작, 가르치다'는 뜻이다.

에녹은 므두셀라를 낳고 하나님과 동행하다가 하늘로 들림을 받게 된다. 에녹은 경건한 삶을 사는 가문을 이루어가던 중, 그 아들의 이름을 특이하게 짓는다. 므두셀라는 '창을 던지는 자'라는 뜻으로 고대 사회에서는 창을 던지면 전쟁이 발발하는 것처럼 심판이 시작된다는 의미다. 에녹은 하나님의 심판을 생각하며 종말론적 신앙으로 살았다.

그 아들 라멕은 '강하다, 능력있는 자'라는 뜻이고, 그 아들 노아는 '안위함'이라는 뜻이다. 종말의 때에 합당한 이름이다. 노아가 셈, 함, 야벳을 낳은 때 므두셀라는 869세였고, 라멕은 682세였다. 노아가 84세에 에노스가 죽었으니까 노아는 에노스와 라멕과 동시대를 살았던 셈이다. 노아는 영적으로 경건하며 하나님을 경배하고 경외하는 믿음의 가문에서 하나님의 심판의 때에 방주를 준비했다.

    셋의 후손의 삶 속에 나타난 특징은 하나님 앞에 뜻을 정하고, 인간의 나약함을 인정하여 하나님을 부르고, 그 안에서의 누림을 감사하고, 여호와의 임재와 동행 속에 살며, 종말론적 신앙으로 무장해 주께 위로를 받는 삶을 산 것이다. 노아의 세 아들 가운데 셈의 후손들의 이름을 보면 이들이 셋의 삶의 패턴을 따른 것을 알 수 있다. 그 가운데 믿음의 조상이 되는 아브라함이 태어났다.

    셈의 후손들은 하나님의 지명을 받은 자로, 인간의 나약함을 인정하고, 말씀을 듣고 생기를 얻으며, 피차 나누며 연합하고, 주가 주시는 쉼을 갈망하며 사는 삶의 패턴을 따른다. 아담의 아들이 온전하지 못했던 것같이 당세의 완전했던 노아의 아들들도 온전하지 못했다. 셋의 후손 속에 나타난 패턴의 마지막은 심판이었다. 하지만 노아가 소망이 되듯이, 노아의 후손 속에 나타난 셈의 가문의 패턴도 노아의 후손과 맥을 같이 한다. 그런 속에서 아브라함이 태어난다.

3. 통일 세대가 세워지는 선교통일의 삶

통일 세대가 세워지는 선교통일의 삶을 살기 위해서는 토라(모세5경)에 나타난 원 역사 속의 족보에 담긴 삶의 패턴과 족장 시대의 삶, 출애굽의 여정 속에 모세가 광야에서 말씀을 받고 주의 인도를 받는 삶, 가나안 정복 과정에서 보이는 여호수아의 삶을 본받아야 한다.

첫째, 원 역사 속에 나타난 족보의 교훈이다. 한(에하드) 나라를 세우기 위해서는 셋의 패턴을 따르는 삶과 셈의 패턴을 따르는 삶을 본 삼아야 한다. 원 역사의 족보 속에 있는 셋의 신앙과 삶의 패턴을 본 삼아야 한다. 하나님 없는 인본주의 삶을 선택한 가인의 후손과 함의 패턴을 따를 때는 파괴와 분열, 분단 속에 살아갈 수밖에 없다. 이들의 삶의 패턴을 '헤렘'시키고, 셋과 셈의 후손들처럼 하나님을 섬기며 겸손히 낮아져 주를 찬양하며 높이는 삶으로 들어가야 한다. 그럴 때 통일 세대가 세워지고, 이들을 통해 선교통일의 기적이 이루어질 것이다.

둘째, 믿음의 조상 아브라함이 선택한 삶의 패턴이다. 아브라함은 이방 우상문화 속에서 하나님의 부름을 받았다. 그 말씀을 따라 약속의 땅으로 감으로써 히브리 민족의 상징적 개조(開祖)가 되고 믿음의 패턴을 따르는 이의 조상이 되었다. 선교통일 세대가 세워지려면 아브라함같이 우상문화 속의 본토, 친척, 아비집을 떠나 믿음의 의를 세우는 길을 선택해야 한다. 그럴 때 선교통일 세대가 일어나게 될 것이다.

셋째, 모세가 보여준 본이다. 모세는 이방문화(애굽, 미디안 광야)에서 부름 받아 가나안 땅으로 백성을 인도하여 히브리 민족의 실질적 개조가 되었다. 통일 한반도의 실질적 개조로 살아가는 선교통일 세대가 되기 위해서는 모세가 부르심에 응답, 출애굽 해 광야를 통과하며 하나님의 말씀을 받은 것같이 지금 분단의 광야 속에서 말씀을 받아야 한다.

넷째, 가나안 정복 과정에서 보여준 여호수아의 신앙을 본받는 삶이다. 여호와만 섬기는 하나 된 믿음의 민족이 시작되어 가나안 땅에 정착하게 될 때, 하나님은 여호수아에게 '가나안 7족속을 헤렘(멸절)시키라'고 명령한다. 선교통일을 이루려면 가나안 7족속을 헤렘시키듯 북한 땅과 한반도에 형성되어 있는 가인과 함의 패턴을 헤렘시켜야 한다.

하나님이 이스라엘 역사 속에서 하나님의 사람들을 세우시고 일하시며 그 뜻을 이루신 것처럼, 남북한이 가인과 함의 길을 선택하지 않고 셋과 셈, 아브라함과 모세, 여호수아의 길을 선택한다면 한반도는 통일의 길로 나아갈 것이다.

선교통일의 축복(blessing)

04

제 4 강

선교통일의 축복(blessing)

임박한 통일과 시급한 북한선교에 대한 새로운 생태계가 형성된 시점은 1990년대 중후반부터다. 북한에서 일명 '고난의 행군'이라고 불리는 때, 수많은 주민들이 생계를 위해 압록강, 두만강을 건너 조중 접경지대로 몰려나오기 시작했다. 이에 한국교회 예장통합 교단과 한국기독교총연합회에서는 북한 단기선교 대학(1997년)을 실시했다.

이 과정에 참여하면서 북한과 통일에 대해 느낀 것을 시로 정리했는데, '북한선교'(11호) 권두시에 실리기도 했다. 이때부터 북한의 체제와 이데올로기, 사상과 사회문화, 그리고 언어와 종교(신앙)에 대해 연구하게 되었다. 북한을 연구하는 가운데 분단극복과 한반도 통일의 대안으로 한반도 복음화를 통해 성취되는 선교통일의 길이 우리에게 축복으로 주어져 있음을 깨닫게 되었다.

통일

우리 민족은 넷으로 나뉘어졌다.

북조선과 남조선

남한과 북한

북조선은 남한을 모르고

남한은 북조선을 모른다.

북조선은 남조선하고만 대화하려 하고

남한은 북한하고만 이야기하려 한다.

북조선은 북한이 되려 하지 않고

남한은 북조선이 될 수 없다.

우리 민족은 둘로 나뉘어졌다.

공산주의 빈곤과 독재

자본 민주주의의 방종과 이기주의

공산 사회주의는 자유와 개성의 가치를 모르고

자본 민주주의는 사회주의 존재를 모른다.

공산 사회주의는 자본주의 병폐하고만 상대하려 하고

자본 민주주의는 공산주의 부정독재하고만 상대하려 한다.

공산 사회주의는 민주화를 이루려 하지 않고

자본 민주주의는 공산화를 이룰 수 없다.

우리 민족은 갈라진 하나로 되어 있다.

북쪽의 붉은 피와 남쪽의 끓는 피

북쪽의 사상언어와 남쪽의 자본언어

북쪽의 산악지대와 남쪽의 평야지대

북쪽의 지하신앙과 남쪽의 지상신앙

북과 남은 피가 통하고

남과 북은 말이 통한다.

Ⅰ. 통일의 아포리아(ἀπορία)

'아포리아'는 철학 용어로 어떤 문제에 관하여 해결의 방도를 찾을 수 없는 난관이나 논리적 난점 또는 해결이 곤란한 문제를 표현하는 말이다. 분단을 극복하고 통일의 길로 나아갈 때 대화로 풀 수 없는 문제들이 북한체제 안에 내재되어 점점 더 강화되고 있다. 통일을 위해 북한이 반드시 변화되어야 하는 문제이지만 정작 북한에선 변화를 거부하는 3가지 문제가 있다. 북한의 수령절대주의 우상화와 경제적 빈곤, 핵무력 문제이다.

이 문제들은 서로 불가분리의 관계 속에 있다. 수령절대주의 체제는 한반도 통일의 가장 큰 장애가 될 핵무력을 만들어 냈고, 이로 인해 경제적 빈곤이 가속되고 있다. 경제적 빈곤을 벗어나기 위해서 북한은 핵무력을 포기해야 하지만 핵을 포기하면 체제가 위협받을 것이라 확신하고 있기에 전혀 포기할 의사가 없어 보인다.

북한은 남한 정부에 대해 "괴뢰 통일부 패거리들이 대화와 협력을 반대하면서 오히려 우리에 대한 '제재와 압박'에 열을 올리고 있는 것은 민족의 화해와 단합, 북남관계 개선의 시대적 흐름을 가로막고 '체제통일' 야망을 실현하려는 반민족적 범죄행위를 일삼는 것"(노동신문 2016. 8. 8 논평)이라고 말한다.

1. 북한의 수령우상화

북한 수령절대주의 체제는 65항목으로 이루어진 '당의 유일사상체계 확립의 10대 원칙'에 잘 드러나 있다. 1974년부터 북한은 이를 모든 주민에게 주입시켰고, 김정은도 정권을 잡은 이듬해인 2013년 이 원칙을 60항의 '당의 유일적 령도체계확립의 10원칙'으로 개정하면서 초헌법적 법을 지속시키고 있다.

10대 원칙의 10조 각 항을 한마디로 정의하면, 1조 수령일색화, 2조 수령경배화, 3조 수령절대화, 4조 수령신조화, 5조 수령교시화(집행의무조건성), 6조 수령중심화(하나 됨), 7조 수령영성화(당성, 노동계급성, 인민성), 8조 수령생명화(사회정치적 생명), 9조 수령영도화(전당, 전국, 전민), 10조 수령세습화다.

이 10조의 내용을 한마디로 요약하면 수령절대주의 우상화이다. 마르크스 사상에 의해 세워진 사회주의 국가 가운데 이 같은 원칙을 체제 기반으로 한 나라는 없다. 북한이 적어도 사회주의 국가 내에서라도 정상국가로의 위상을 가지려면 이 10대 원칙을 내려놓아야 한다. 하지만 북한은 수령우상화를 더욱 강화하며 주체사상에 의해 자신을 고립시키고 있다. 이런 북한의 현상에 대해 에릭 폰 하펠 교수(MIT)는 "잠금 효과(lock-in effect)에 빠졌다"고 했다.

2. 남북의 경제적 격차

2021년 북한의 1인당 국민총소득(GNI)은 141만 원으로 남한의 3,744만 원과 비교하면 54배 차이가 난다. 이는 미얀마, 방글라데시 수준으로 남한의 국내총생산(GDP)의 1.8%에 불과하다. 북한은 1990년대 3차 7개년 계획 기간에 고난의 행군을 겪으면서 대기근과 수해, 병충해 등 온갖 재앙 속에서 수백 만의 주민들이 굶어 죽었고 이를 극복해 가는 과정 속에서 대중 무역의존도가 급속히 증가했다.

경제적 빈곤 속에 시작된 김정은 정권은 2016~2020년 경제발전 5개년 계획을 실시했지만 스스로 실패했다고 자인하고 다시 5개년 계획을 실행하고 있다. 2021년 4월 8일엔 제2의 고난의 행군을 선포했다. 2021년 4월 세포비서대회에서 김정은은 "나는 당 중앙위원회로부터 시작해 각급 당 조직들, 전당의 세포비서들이 더욱 간고한 고난의 행군을 할 것을 결심했다"고 말했다.

북한에서 고난의 행군은 최악의 어려운 삶을 표현하는 용어다. 김일성은 항일운동 당시 빨치산들과 1938년 12월부터 1939년 3월까지 중국 몽강현 남패자로부터 압록강 연안 국경일대로 행군을 했는데, 여기서 고난의 행군이란 말이 유래됐다. 김일성은 수령독재 시기인 1956년 8월 종파사건 전후부터 천리마운동이 전개되는 시기를 표현하는 용어로 고난의 행군이란 말을 사용했다. 김정일은 1994년 김일성 사후 1996년부터 1999년까지의 대기근과 경제난으로 사회적 이탈이 늘어나자 이를 막기 위해 고난의 행군이란 용어로 주민들의 희생과 충성을 강조했다. 그런데 김정은은 2021년 대북제재와 코로나 위기 상황 속에서 지금이 또 고난의 행군 시기라고 말하고 있다.

'컨선월드 와이드'의 보도자료에 의하면, 2020년 북한의 기아 위험 수준은 27.5점으로 세계에서 12번째다. 아시아 지역에서는 동티모르(37.6점)와 아프가니스탄(30.3점)에 이어 세 번째다. 2023년 김정은은 1960년대 김일성이 경제적 위기를 극복하기 위해 실행했던 천리마 행군 시대를 롤모델로 제시하며 북한 주민들에게 충성을 독려하고 더 폐쇄적인 민족자립주체경제를 추진하고 있다. 하지만 북한이 경제적 문제를 풀어나가려면 핵을 포기하고, 경제제재를 풀고, 개혁개방을 통한 시장경제를 도입해야 한다. 점점 더 벌어지는 남북의 경제적 격차는 남북통일의 여정에 부정적 영향을 끼치게 될 것이다.

3. 비대칭 무기

북한은 2017년 핵무기를 보유한 '핵무력 국가'를 선언했다. 현재 90개 이상의 폭탄, 충분한 핵분열 물질을 소유한 것으로 추정된다. 남한에 대해 북한은 비대칭 무기를 소유했다고 선언한 것이다. 비대칭 무기란 핵무기·탄도미사일·화학무기·생물학무기·장사정포·잠수함(정) 등 대량살상과 기습공격, 게릴라전이 가능한 무기로, 인명을 살상하는 데 있어 재래식 무기보다 월등

한 위력을 발휘하는 무기를 말한다.

 김일성은 핵무력 국가를 세우기 위해 1983~1993년 15차례의 탄도미사일을 발사했고, 김정일은 1994년부터 2011년까지 두 번의 핵실험과 16번의 미사일을 쏘아 올렸다. 김정은은 2012년부터 2021년까지 네 번의 핵실험과 91차례 탄도미사일을 발사하면서 핵무력 국가를 견고하게 다지고 있다. 2021년까지 북한이 성공한 대륙간탄도미사일(ICBM: 화성16형)은 미국 본토를 사정거리 안에 둔 다탄두 탑재 능력까지 갖춘 미사일로 여겨진다. 또한 잠수함발사탄도미사일(SLBM: 북극성3,4,5형) 실험은 물론 3000t급의 중형 잠수함도 건조 중이다. 그 외에도 초대형 방사포, 극초음속미사일, 최첨단 신형 전술유도무기(KN-23, 24)도 보유하면서 비대칭 무력을 강화하고 있다.

 이에 대한 대응으로 남한은 2019년 47.9조 원에서 2021년 53조 원으로 국방비를 늘리고 있다. 20년 전 한국 국방비는 일본의 3분의 1 수준이었는데, 10년 전에는 2분의 1 수준, 2023년은 한국 57조원, 일본 65조원으로 일본의 턱밑까지 추격하고 있다. 남한 정부는 KF-X 120대를 개발·생산하는 데 총 18조 원을 투입해 '단군 이래 최대 국방사업'을 벌이고 있다.

Ⅱ. 선교통일의 통해력

분단 이후 우리는 늘 우리가 사는 세대에 통일이 이루어지길 소망하며 살았다. 우리가 지내온 세대를 무력통일세대(1950년대), 반공통일세대(1960~1970년대), 평화통일세대(1980~2020년대), 다가온 선교통일세대(2021년 이후)로 구분할 때, 선교통일세대에게 가장 필요한 것은 통해력(統解力)이다. 교육학에서 제시하는 문해력(文解力)의 골든타임은 9세이고 성장이 개발되는 영해력(映解力)의 골든타임은 16~18세이다. 통해력(統解力)의 골든타임은 문해력과 영해력을 가진 세대들에게 영적 은혜가 임하여 시대적 분별력을 갖고 통일의 아포리아를 극복할 전략적 북한선교와 선교통일에 대한 소명이 일어나는 시점이다.

'통해력'은 하나님의 말씀 안에서 통일이 이루어짐을 믿고 선교통일의 길이 통일의 언약 안에 있음을 깨닫는 것이다.(단 9:2) 영적으로 깨달은 자는 강력한 기도의 사람이 된다. 성경에 나타난 강력한 세 가지 기도와 금식의 모형을 따라 기도할 때 통해력이 열릴 것이다.

1. 통해력의 롤모델 다니엘의 기도

민족의 회복에 대한 영적 통찰을 가진 다니엘은 금식과 회개(단 9:3~18), 간구(단 9:19)의 기도를 한다. 한반도 통일을 위해 다니엘처럼 간절히 주님께 부르짖어야 한다. 한반도 통일의 기도를 들어달라고, 우리의 분단의 죄를 용서하시고 통일을 이루어 달라고, 들으시고 지체하지 말고 통일의 길을 열어 달라고 주여 삼창을 외치고 부르짖으며 기도해야 한다.

> "O Lord, listen! O Lord, forgive! O Lord, hear and act! For your sake O my God, do not delay(주여 들으소서 주여 용서하소서 주여 귀를 기울이시고 행하소서 지체하지 마옵소서 나의 하나님이여 주 자신을 위하여 하시옵소서)"(단 9:19)

2. 통해력의 모범 이사야의 영적 금식(사 58:6~12)

시간과 때를 정하고 금식하며 하는 기도도 중요하지만, 이사야서에 기록된 대로 하나님이 기뻐하시는 통일 금식 기도를 해야 한다. 북한의 흉악의 결박을 풀어주며, 멍에의 줄을 끊어주며, 압제당하는 자를 자유하게 하며, 모든 멍에를 꺾는 금식 말이다. 북한의 주린 자에게 우리의 양식을 나누어주고, 탈북자로 유리하는 빈민을 받아들이며, 헐벗은 우리의 골육 북한동포를 피하여 스스로 숨지 아니하는 것이다.

또한 우리 중에 있는 멍에와 손가락질과 허망한 말을 제하여 버리고, 주린 자에게 우리의 심정을 동하며, 괴로워하는 자의 심정을 만족하게 하는 금식이다. 주님의 뜻대로 하는 이런 금식이 우리 안에 이루어질 때 주님은 한반도를 인도하시어 메마른 곳에서도 영혼을 만족케 하시며, 물 댄 동산같이 풍족하게 하시며, 황폐된 땅을 다시 세우시며, 역대의 파괴된 기초를 쌓는 통일을 이루어 주실 것이다.

3. 통해력의 기준 바울의 기도(딤전 2:1)

통해력의 기준이 되는 바울의 기도는 첫째, 통일 간구('데에세이스')다. 통일 문제를 긴박한 상황으로 인식하고 특별한 역사로 통일을 이루어 달라고 하나님께 탄원하는 기도를 드려야 한다. 둘째, 통일 기도('프로슈카스')다. 통일에 대해 하나님께 묻고 대화하는 경건의 기도를 무시로 드려야 한다. 셋째, 통일 도고('엔튜크세이스')이다. 통일에 대한 하나님의 뜻을 알고 이 땅에 이루어지도록 중보하는 기도다. 넷째, 통일 감사('유카리스티아')

다. 통일이 주 안에서 이미 이루어진 줄 믿고 하나님의 뜻이 한반도 안에 성취된 것에 대해 감사하는 기도다. 선교통일은 기도하는 세대 속에서 성령의 은사로 주어지는 통해력을 통해 일어나는 역사다.

Ⅲ. 선교통일의 축복(blessing)

우리 민족에게 선교통일은 영혼이 잘 되고, 범사가 잘되어 번영하고, 강건해지는 블레싱이다.(요삼 1:2)

1. 재부흥의 축복(blessing)

> "그가 다시 외쳐 이르기를 나의 성읍들이 넘치도록 다시 풍성할 것이라(again overflow with prosperity) 다시 시온을 위로할 것이라(again comfort) 다시 예루살렘을 택하리라(again choose)"(슥 1:17)

선교통일은 예수를 배반했던 베드로가 회개하자 부활하신 주님이 찾아오시어 '다시' 사명의 기회를 주신 것같이, 한반도에 일었던 1차 대부흥(1907년)이 다시 일어나 세계선교의 사명이 주어지는 '어게인 블레싱'(again blessing)이다.

2. 갑절의 축복(blessing)

> "갇혀있으나 소망을 품은 자들아 너희는 요새로 돌아올지니라 내가 오늘도 이르노라 내가 네게 갑절이나 갚을 것이라"(슥 9:12)
> "너희가 수치 대신에 보상을 배나 얻으며 능욕 대신에 몫으로 말미암아 즐거워할 것이라 그리하여 그들의 땅에서 갑절이나 얻고 영원한 기쁨이 있으리라"(사 61:7)

하나님 앞에 의인 된 욥이 갑절의 보상을 받은 것같이 분단의 고통 속에서도 복음의 신앙을 지킨 우리 민족에게 갑절의 블레싱이 이루어질 것이다. 경제적 측면에서 본다고 해도 통일편익은 통일비용의 3배가 넘고, 북한의 지하자원 잠재가치는 엄청나다. 여기에 남한의 기술력이 더해지면 그 경제적 효과는 상상 그 이상이다. 한반도 통일은 우리 민족에게 광대한 길이 열리는 시간이다. 선교통일 한반도는 이 길을 세계선교의 통로로 사용하게 될 것이다.

3. 강성대국의 축복(blessing)

"너희는 지켜 행하라 이것이 여러 민족 앞에서 너희의 지혜요 너희의 지식이라 그들이 이 모든 규례를 듣고 이르기를 이 큰 나라 사람은 과연 지혜와 지식이 있는 백성이로다 하리라 우리 하나님 여호와께서 우리가 그에게 기도할 때마다 우리에게 가까이 하심과 같이 그 신이 가까이 함을 얻은 큰 나라가 어디 있느냐 오늘 내가 너희에게 선포하는 이 율법과 같이 그 규례와 법도가 공의로운 큰 나라가 어디 있느냐"(신 4:6~8)

이 언약의 말씀 안에 세 가지 강대국의 언약이 있다. 첫째, 지혜와 지식이 큰 나라(지성대국), 둘째, 기도의 응답이 있는 큰 나라(영성대국), 셋째, 법이 공의롭게 실현되는 큰 나라(정치대국)이다.

IV. 선교통일을 이룬 한반도

선교통일이 성취된 한반도는 안전과 평화, 번성과 창대함을 누리는 땅이다.(레 26:5~9) 선교통일 한반도는 첫째, 안전하게 거하는 민족이 된다.

"너희의 타작은 포도 딸 때까지 미치며 너희의 포도 따는 것은 파종할 때까지 미치리니 너희가 음식을 배불리 먹고 너희의 땅에 안전하게 거주하리라"(5절)

둘째, 평화를 누리는 민족이 된다.

"내가 그 땅에 평화를 줄 것인즉 너희가 누울 때 너희를 두렵게 할 자가 없을 것이며"(6절)

셋째, 번성하며 창대한 민족이 된다.

"내가 너희를 돌보아 너희를 번성하게 하고 너희를 창대하게 할 것이며 내가 너희와 함께 한 내 언약을 이행하리라"(9절)

한반도의 통일은 선교통일을 위해 헌신된 자들의 손 안에서 이루어지는 통일이다.(겔 37:17) 에스겔은 유다 역사상 가장 어두운 시기에 포로로 끌려가 있는 유대인들과 함께 거하며 그들을 격려하고 강하게 하는 사역을 감당했다. 오늘 분단된 현실을 살아가는 우리는 이 어두운 시기에 선교통일의 소망의 빛을 이 한반도 땅에 비춰야 한다. 여호와 삼마!(하나님이 거기 계시다)

선교통일의 그레이트 비전

05

제 5 강

선교통일의 그레이트 비전

한반도의 모든 그리스도인들은 한반도 복음화를 통해 남북이 통일되는 하나님 나라 확장의 겨자씨 비전을 가져야 한다. 겨자씨 한 알은 땅에 심길 때 어느 씨보다 작은 것이지만 심긴 후 자라게 되면 모든 풀보다 더 커지며 큰 가지를 내어 공중의 새들이 그 그늘에 깃들 만큼 된다.(막 4:30~32) 선교통일의 씨도 겨자씨처럼 작고 보잘것없는 것으로 비쳐질 수 있지만 선교통일은 말씀으로 성취되는 하나님 나라 확장의 비전이기 때문에 그 어떤 통일론보다 위대하고 큰 비전이다. 선교통일은 살아 있고 생명력 있는 실제적 통일의 그레이트 비전이다.

한반도가 선교통일을 이루어가는 데 있어 먼저 이 비전에 대한 확신이 있어야 한다. 하나님이 분단된 땅에서 우리를 불러 세우신 목적은 우리를 통해 홍해를 건너듯 분단의 벽을 넘어 전 세계 땅끝 선교의 지상명령을 성취하시기 위한 것이다.

Ⅰ. 큰 비전을 주시는 하나님

디즈니랜드 준공식 때 어떤 사람이 월트 디즈니의 부인에게 이렇게 위로를 건넸다. "월트 디즈니가 살아 있었다면 디즈니랜드를 보았을 텐데, 이를 보지 못하고 죽은 것이 너무나 안타깝습니다." 이때 부인은 이렇게 대답했다.

> "아닙니다. 제 남편은 지금 이 자리에 없지만 그분은 이미 생전에 그걸 보았습니다."

믿음으로 선교통일의 위대한 비전을 받은 자는 이미 이루어진 통일을 본 자이다. 하나님은 하나님의 뜻을 이루기 위해 하나님의 사람들을 세우시고, 그들에게 반드시 이루어질 언약을 따라 위대한 비전(the great vision)을 주신다.

1. 메시아 비전의 예표

하나님이 아브라함을 세우신 목적은 그를 통해 하나님의 위대한 인류 구원 계획을 성취하기 위해서다. 이를 위해 아브라함에게 아브라함 자신도 다 헤아리지 못하는 그레이트 비전을 주셨고, 아브라함은 그 비전을 따라 믿음으로 언약에 순종하여 비전에 부응하는 믿음의 조상이 되었다.

> "내가 네게 큰 복을 주고 네 씨가 크게 번성하여 하늘의 별과 같고 바닷가의 모래와 같게 하리니 네 씨가 그 대적의 성문을 차지하리라 또 네 씨로 말미암아 천하 만민이 복을 받으리니 이는 네가 나의 말을 준행하였음이니라 하셨다 하니라"(창 22:17~18)

아브라함의 비전을 이어받은 이삭은 100배의 믿음의 축복을 누리면서 가문을 이어갔다. 야곱은 12지파의 조상을 세워 비전을 담을 그릇을 준비했고, 비전의 사람 요셉은 애굽의 총리가 되어 민족의 생명을 지키며 천하 만민이 복을 누리게 하는 비전 성취의 예표가 되었다. 이는 장차 메시아께서 이 땅에 오실 때 이루실 위대한 비전의 예표이다.

2. 비전의 수여자 삼위일체 하나님(Trinity God)

하나님의 영이 부어진 자들은 그가 누구든, 남자든 여자든 상관없이, 젊은 사람이나 노인이나 상관없이 하나님의 비전을 보게 된다.(욜 2:28, 행 2:17) 하나님은 성령 안에서 그리스도를 통해서 하나 됨(엡 1:10)의 큰 비전을 주셨다.

비전은 하나님의 기쁘신 뜻이며 사명이다. 하나님은 주님의 기쁘신 뜻을 이루기 위해 우리에게 소원을 주신다.(빌 2:13) 하나님이 주신 한반도 복음화의 비전은 사명으로 받은 것이다.(고전 9:16~17, 행 20:24) 하나님은 세계 땅끝 선교의 기폭제가 되게 하시려고 선교통일의 그레이트 비전을 우리에게 주셨다. 하나님은 한반도를 세계선교의 중심이 되게 하시어 중국과 중앙아시아, 유럽, 동남아시아, 서남아시아, 북미와 남미 선교의 허브가 되게 하시고 땅끝까지 선교의 길을 열어 가실 것이다. 이 일을 위해 하나님은 분단된 이 민족을 반드시 복음으로 통일시키신다는 마음의 소원을 주셨다.(느 2:12) 이 마음을 품은 자들에게 선교통일의 비전을 열어주신다.

3. 열리는 한반도 선교통일의 비전

예수님은 우리를 불러 복음의 증인으로 삼으신다. 우리가 주께 부름받은 목적은 복음의 산증인이 되기 위해서다. 증인이 사명을 감당하기 위해서는 성령 안에서 위대한 비전을 받아야 한다. 분단된 한반도의 비전은 선교통일의 그레이트 비전이다. 선교통일은 강력한 비전이다. 남한의 영적 자산과 북한 지하교회의 강력한 영적 자산이 만나 마지막 때 땅끝 선교를 위한 험난한 눈물의 골짜기를 과감하게 통과하게 할 비전이다.

한반도의 선교통일은 전세계 모든 그리스도인들에게 마지막 세계선교의 막강한 동력이 될 것이다. 이스라엘은 이집트에서 자신들을 건져내신 하나님의 백성이라는 정체성을 갖고 입을 크게 열고 큰 비전을 품었다. 그리고 그 비전을 성취하시는 하나님을 경험했다. 우리 주님은 우리 민족을 분단의 고통으로부터 건져내셔서 큰 비전을 갖게 하시고, 마라나타를 외치며 세계선교의 마지막 사명을 향해 달려가게 하신다.

> "나는 너를 애굽 땅에서 인도하여 낸 여호와 네 하나님이니 네 입을 크게 열라 내가 채우리라(I am the LORD your God, who brought you up out of Egypt. Open wide your mouth and I will fill it)"(시 81:10)

하나님의 생각은 우리 민족이 영구분단 속에서 갈등하고 절망하는 재앙을 주시려는 게 아니라 통일을 이루어 선교대국이 되는 미래와 희망을 주시려는 것이다.

> "여호와의 말씀이니라 너희를 향한 나의 생각을 내가 아나니 평안이요 재앙이 아니니라 너희에게 미래와 희망을 주는 것이니라"(렘 29:11)

Ⅱ. 선교통일 비전의 성취자

아브라함의 자손으로 성육신하신 예수 그리스도는 시공간을 뛰어넘는 전 우주적 구원자로 이 땅에 가장 위대한 비전을 주시고 이를 성취하고 계신다.

> "일을 행하시는 여호와, 그것을 만들어 성취하시는 여호와, 그 이름을 여호와라 하는 이가 이와 같이 이르시도다"(렘 33:2)

1. 비전 성취자 예수님

예수님은 인류의 가장 위대한 꿈인 하나님 나라를 도래케 하셨다. 전세계 모든 민족이 살 길은 예수님 안에서 때가 찬 하나님 나라에 참여하는 것이다.(막 1:15) 예수님이 남북한 한반도 땅에서 행하신 일은 하나님 나라의 확장을 위해 한반도의 고난에 동참하신 것이다. 예수님은 선교통일의 그레이트 비전을 위해 오늘도 북한선교의 현장 속에서 일하고 계신다.

2. 통일 성취의 엔 크리스토(εν Χριστω, in Christ)

선교통일의 비전은 예수 안에 있을 때 성취된다. 예수님은 우리에게 오셔서 무거운 짐을 내려놓게 하신다. 우리 민족이 겪은 전쟁과 고단한 경쟁의 모든 상처는 예수 안에서 통일되어 회복될 때 치유된다.(마 11:28) 예수님은 그의 나라와 의를 구하는 우리에게 통일을 더하여 주신다.(마 6:33) 남북 대립과 도발 속에서 연약해진 마음을 강건케 하시고, 모든 육체와 마음, 영적인 병을 치유하시는 예수님 안에서 온전한 치유와 마음의 통일을 이루어 가신다.(마 8:17)

남한의 물신 숭배와 온갖 더러운 잡신을 따르는 자들과 북한의 주체 수령 우상과 샤머니즘의 귀신들이 복음 안에서 예수의 능력으로 쫓김을 당하고 있다.

예수님은 진정한 자유를 통해 한반도 통일의 길을 열고 계신다.(마 17:18) 예수님은 한반도 최악의 상황 속에 찾아오셔서 우리 민족을 섬겨주셨고 지금도 우리를 섬기고 계신다. 예수님은 앞으로도 우리 민족의 하나 됨을 위해 대속물로 생명을 주실 것이다.(마 20:28) 예수님은 한반도가 복음의 생명력으로 통일되고, 세계선교를 위해 쓰임받을 수 있도록 지금도 우리를 통해 이 복음을 전하고 계신다.(막 1:15)

예수님은 남과 북 모든 믿는 자들의 죄를 사하여 주시어, 원수 맺고 정죄하며 하나 되지 못하는 마음의 분단과 갈등을 치유하고 계신다.(막 2:10) 예수님은 북한의 지하교회 성도들이 순교를 통해 썩어지는 밀알이 되어 공중의 새들이 그 그늘에 깃들일 만큼 장차 세계복음화의 큰 동력이 되도록 저들과 함께 하고 계신다.(막 4:30~32) 예수님은 선교통일을 위해 믿음의 기도가 얼마나 중요한지 깨닫게 하신다.(막 11:24) 예수님은 북한의 가난한 자, 포로된 자, 눈먼 자, 억눌린 자를 자유케 하신다.(눅 4:18) 북한의 수령이 북한 주민에게 영생을 주는 것이 아니라 예수님이 진정한 영생, 풍성한 생명을 주심을 깨닫도록 복음을 선포케 하신다.(요 3:16, 요 10:10)

예수님은 영과 진리로 드리는 예배를 통해 한반도 통일을 이루도록 역사하고 계신다.(요 4:24, 요 20:31) 예수님은 진리 안에서 자유를 누리는 통일을 우리에게 주시고 계신다.(요 8:32) 예수님은 선한 목자로 양을 위해 목숨을 버리려고 이 땅에 오셨다. 예수님은 한반도에서 길을 잃은 양들의 선한 목자로서 선교통일을 이루어 가신다.(요 10:11) 예수님은 선교통일의 길이고, 진리이고, 생명이심을 선포하시어 한반도의 복음화를 통해 세계 땅끝까지 복음전파를 이루어 가신다.(요 14:6) 한반도를 위해 지금도 일하시는 예수님은 선교통일의 그레이트 비전 성취의 주관자시다.

3. 비전의 나비효과

윌리엄 클라크(1826~1886)는 일본의 기독교 선교에 있어 큰 영향력을 끼친 선교사다. 미국의 매사추세츠농업대학(현 매사추세츠대학교)의 학장을 지내고 일본 홋카이도의 개척을 위하여 삿포로농학교에 초빙되어, 삿포로농학교(현 홋카이도대학) 초대 교두(教頭, 교감, 실제로는 교장 이상)가 된 전문인 영역 선교사다.

1876년 그는 성경을 가지고 일본에 들어가려고 했으나, 요코하마 항구에 마중 나온 일본 문부상으로부터 "기독교 교육과 성경의 유입은 안 된다"는 말을 들었다. 이때 클라크는 단호하게 "뱃머리를 돌려 돌아가겠다"고 했다. 이에 당황한 문부상은 학교 강의 후 성경공부를 시키는 것을 허락한다는 조건으로 입항을 허가했고 클라크는 대학에 들어올 수 있었다. 그가 학생들에게 준 가장 큰 영향력은 큰 비전을 갖게 한 것이다. 일본에 있는 그의 동상에는 늘 그가 외치던 다음과 같은 명언이 새겨져 있다.

"Boys, be ambitious! 少年よ、大志を抱け！소년이여, 야망을 가져라!"

클라크의 선교 비전에 영향을 받아 신앙공동체 삿포르 밴드가 결성되었다. 이 공동체의 회원이 된 우치무라 간조는 후일 김교신(양정고등보통학교 선생)에게 성경을 가르쳤고, 김교신은 손기정 선수와 동시 작가 윤석중, 서울대 농대 교수 류달영 등의 제자를 통해 한반도의 독립과 새 나라 건설에 큰 영향력을 끼쳤다. 절망 중에 소망을 갖게 하는 비전의 나비효과를 일으킨 것이다. 하나님은 오늘도 복음을 지닌 우리에게 선교통일의 그레이트 비전을 주시며, 통일이 성취되어 새 나라 건설을 이룰 수 있는 길을 예비케 하신다.

Ⅲ. 한반도에 성취되는 꿈

1. 꿈꿀 수 없는 땅의 꿈

북한은 주민들의 성분을 결정해 놓고 그 계층의 한계를 넘는 더 이상의 꿈을 꾸지 못하게 한다. 오직 수령의 꿈에만 복종하여 그 꿈 성취의 도구로만 살게 한다.

김진 시인은 김일성종합대학 교수였던 김순석 시인의 아들로 태어나 북한군 예술선전대 작가로 활동하다가 1996년 탈북해

1999년 한국에 입국했다. 남한에서는 '김성민'이란 이름으로 자유북한방송 대표로 활동 중이다. 그는 남북을 비교하며 이렇게 말한다.

> "제가 살아본 대한민국은 노동자, 농민의 아들, 아파트 관리원의 아들이 대통령의 꿈을 꿀 수 있는 나라였습니다. 북한은 그 반대죠. 꿈을 꾸어도 노동자, 농민의 꿈을 꾸어야 합니다. 대통령의 아들은 당연히 대통령이 되어야 하는 나라입니다."

2. 꿈꿀 수 있는 땅의 꿈

남한은 꿈을 꿀 수 있는 땅이다. 자유의 땅에서 우리가 꿀 수 있는 가장 원대한 꿈은 억압과 고통 속에 있는 민족을 구원하는 꿈, 나라의 생존 위기 속에 살 길을 제시하는 꿈이다. 선교통일 그레이트 비전은 한반도를 살리는 비전이고 아시아와 세계를 구원하는 비전이다.

마음이 가난한 자들이 선교통일의 그레이트 비전을 받는다. 심령이 가난한 자는 자신의 부족과 불완전을 인식하고 소생(회복)이 절대로 필요한 존재임을 인식한 자들이다. 모세는 억압 속에 있는 민족해방을 위해 부름받았을 때, 입술이 둔한 자라 감당키 어렵다고 스스로를 인식했다. 이사야는 입술이 부정한 자로 정함이 필요한 존재임을 고백했고, 바울은 죄인 중 괴수 같은 존재이기에 은혜 없이는 어느 것도 할 수 없는 자임을 고백했다. 그들은 스스로의 부족함을 깨닫고 하나님의 비전에 순응하는 삶을 살았다.

IV. 선교통일 비전의 영향력

예수님의 그레이트 비전을 품고 이 일을 위해 기도하며 푯대를 향해 달음질해 나갈 때 놀라운 역사가 일어난다. 하나님은 선교통일의 비전이 약화될 때 다시금 소망 중에 바라볼 수 있도록 믿음으로 선교통일의 꿈을 꾸게 하신다.

아브라함이 롯과 헤어진 후 낙심해 있을 때, 하나님은 아브라함을 부르실 때 주셨던 비전을 다시 확인시켜 주셨다. 롯이 아브라함을 떠난 후에 여호와께서 아브라함에게 이렇게 말씀하셨다.

> "롯이 아브람을 떠난 후에 여호와께서 아브람에게 이르시되 너는 눈을 들어 너 있는 곳에서 북쪽과 남쪽 그리고 동쪽과 서쪽을 바라보라 보이는 땅을 내가 너와 네 자손에게 주리니 영원히 이르리라"(창 13:14~15)

오늘 우리가 한반도의 동서남북을 바라보고 주님이 주시는 비전을 확신하며 한반도를 순례하면서 믿음으로 나아간다면, 반드시 한반도 통일의 언약은 성취될 것이다.

1. 한반도 영토의 통일

통일은 언어가 분단된 우리 민족이 하나 되는 것이고, 정전 후 70년이 넘도록 서로 오도가도 못하던 땅을 이어주는 것이다. 바빌론에 포로로 잡혀가 70년간 고향을 잃어버린 채 살아야 했던 이스라엘 민족에게 돌아가 땅을 회복케 하신 주님은 오늘 우리에게도 잃어버린 땅을 회복시켜 주신다는 약속을 하신다. 땅의 주인이신 하나님은 가나안 땅의 지계표(landmark)를 각 지파에게 정해 주시고 옮기지 못하게 하셨다. 경제적으로 어려워 땅을 팔았으면 친족이 대신 무르고 돌려놓아야 했다. 그도 못하면 희년이 되면 돌려주어야 했다. 이는 하나님의 말씀이고, 예수님이 이 땅에 오신 목적이다.(눅 4:18)

한반도 복음화는 남북한이 하나 되어 서로 오갈 수 없던 땅을 이어주는 영토 통일의 희년을 이루게 할 것이다. 한반도 복음화는 영적으로 분단되어 함께 예배하지 못하던 땅을 함께 하나님을 경배할 수 있는 땅으로 변화시켜 주실 것이다.

2. 북한 땅의 잃어버린 자유 회복

북한은 세계적인 빈국으로 전락했다. 몸도 마음도 영도 가난해졌다. 가난한 자들에게 복음은 강력하게 전파될 것이고 하나님 나라는 임할 것이다.

> "예수께서 눈을 들어 제자들을 보시고 이르시되 너희 가난한 자는 복이 있나니 하나님의 나라가 너희 것임이요"(눅 6:20)

가난에 대한 헬라어 '페네스'(πένης, 고후 9:9)는 궁핍함으로 근근이 살아가는 것을 말하고, '프토코스'(πτωχός, 마 5:3, 눅 6:20)는 극빈으로 파산을 당하거나 남의 도움 없이는 살아갈 수 없는 것을 말한다.(거지 나사로: 눅 16:20~21, 두 렙돈 바친 과부: 막 12:42)

북한은 지금 절대 극빈의 파산을 당한 가난 속에 빠져 있다. 가난뿐만 아니라 수령의 포로가 되고, 성경 말씀에 눈먼 자 되고, 성분사회에 눌린 자 되어 살고 있다.

북한은 수령의 꿈, 수령의 비전과 수령의 통치가 이루어지는 나라이다. 북한 주민은 수령의 비전을 따라 삶의 목적과 목표를 세우고 순종하며 살아야 한다. 수령이 신이고 메시아다. 수령이 절대자인 나라에서는 자신의 운명도 미래도 수령의 판단과 결정에 맡겨야 한다. 선교통일은 수령에게 갇힌 자, 수령에게 눌린 주민들을 갇힌 자리와 눌린 자리에서 벗어나게 해 잃어버린 자유를 회복케 한다.

남한에도 복음이 절대적으로 필요하다. 복음을 받지 않은 자들에게 복음을 전해야 한다. 남한은 물질만능주의에 포로되고, 포스트모더니즘의 상대주의에 눈멀고, 개인 이기주의에 눌려 있다. 지금 한반도의 모든 문제 해결의 시작은 예수의 그레이트 비전을 따라 사는 것이다.

3. 사회주의권과 전체주의 국가 선교의 가속화

세계선교의 가장 강력한 걸림돌 가운데 하나가 전세계 기독교 핍박 최상위 국가 북한의 주체 사회주의 장벽이다. 공산주의(communism)는 공동 생산뿐 아니라 공동 분배를 부르짖는다. 공배(공분)주의를 내세우면서 현실화되지 못한 이유를 과도기 이론으로 대치하면서 사회주의를 유지해 나가고 있지만, 진정한 공배는 북한 사회에서 실현 불가능한 일이다. 선교통일의 열매는 가나안의 여리고가 무너지는 것과 같다. 견고한 진이 쳐진 북한이 복음화될 때 사회주의권 복음화는 가속화될 것이다. 또한 주님을 부인하고 거부하는 강력한 전체주의자들(공산주의, 이슬람, 유대교)의 문이 시온의 대로처럼 열리게 될 것이다.

4. 선교통일의 그레이트 비전의 고백자

선교통일의 그레이트 비전을 고백하고 선포하는 자가 가장 먼저 해야 할 일은 영을 소성케 하는 것이다. 겸손한 자의 영, 통회하는 자의 마음을 가져야 한다.

> "내가 높고 거룩한 곳에 있으며 또한 통회하고 마음이 겸손한 자와 함께 있나니 이는 겸손한 자의 영을 소생시키며 통회하는 자의 마음을 소생시키려 함이라"(사 57:15 하)
> "마음을 같이하여 같은 사랑을 가지고 뜻을 합하여 한마음을 품어 아무 일에든지 다툼이나 허영으로 하지 말고 오직 겸손한 마음으로 각각 자기보다 남을 낫게 여기고 각각 자기 일을 돌볼뿐더러 또한 각각 다른 사람들의 일을 돌보아 나의 기쁨을 충만하게 하라"(빌 2:2~4)

또한 하나(oneness) 되게 하시는 주께 영광을 돌리는 삶을 살아야 한다. 선교통일의 열매는 서로 뜻을 같게 하시고, 한 마음과 한 입으로 주께 영광을 돌리게 하시는 것이다.

> "이제 인내와 위로의 하나님이 너희로 그리스도 예수를 본받아 서로 뜻이 같게 하여 주사 한 마음과 한 입으로 하나님 곧 우리 주 예수 그리스도의 아버지께 영광을 돌리게 하려 하노라"(롬 15:5~6)

한반도 복음화를 통해 이루어질 선교통일은 세계선교의 새로운 기폭제가 될 것이고, 십자가와 부활의 산증인이 될 수 있는 영적 동력을 갖게 할 것이다. 북한의 지하 성도들이 견디고 이겨낸 십자가의 영성과, 복음을 누리면서 주와 동행하는 가운데 체험된 남한의 부활 영성이 만나 체득된 십자가와 부활의 복음을 마지막 때 땅끝까지 전하는 위대한 역사와 새로운 부흥이 한반도를 통해 세계로 퍼져 나가게 될 것이다. 한반도는 세계선교의 중심이 되어 유럽, 중국과 아시아, 태평양 북미와 남미 선교의 허브가 되고, 미전도 종족 모두를 향해 나아가는 강력한 선교 대국이 될 것이다.

선교통일의 샘물

제 6 강

선교통일의 샘물

한반도는 지금 생수의 강이 절실한 메마른 땅이다. 북한은 수령절대주의 체제에 눌린 자 되어 자유케 됨과 다시 보게 됨, 자유롭게 됨이 절실한 광야같이 메마른 땅이다.(눅 4:18) 남한은 물질만능주의와 포스트모더니즘의 상대주의 이데올로기에 눈멀고 개인 이기주의에 눌려 역시 자유케 됨과 다시 보게 됨, 자유롭게 됨이 필요한 메마른 땅이다. 차이점이 있다면 북한에는 터진 웅덩이가 있고, 남한에는 더 깊이 파야 할 웅덩이가 있다는 점이다. 한반도의 살 길은 영원히 목마르지 않는 샘물을 파는 것이다. 예수 안에서 하나 되는 선교통일의 샘물이 터져 나와야 한반도는 산다.

Ⅰ. 선교통일의 샘물이 필요한 곳

1. 터진 웅덩이

　북한은 수령의 혁명사상과 수령이 지시하는 길로만 가겠다고 여전히 주장하며, 자신들의 결의를 담아 선서하고 있는데(2021년 6월 16~18일 당 중앙위원회 전원회의), 이는 '터진 웅덩이'에 물을 붓는 것과 같다. 예레미야 선지자의 말씀대로 북한은 지금 두 가지 악을 행하고 있다.

> "내 백성이 두 가지 악을 행하였나니 곧 그들이 생수의 근원 되시는 나를 버린 것과 스스로 웅덩이를 판 것인데 그것은 물을 가두지 못할 터진 웅덩이들이니라"(렘 2:13)

　첫째는 생수의 근원 되신 하나님을 버린 것이고, 둘째는 터진 웅덩이인 인본주의 주체사상에 집착한 것이다.
　주전 15세기 이스라엘은 회반죽 기술을 개발했다. 석회암으로 이루어진 유대 산지를 파서 거대한 웅덩이를 만들고, 그 표면에 회반죽을 발라 확실한 방수 효과를 낼 수 있었다. 이를 통해 이른 비와 늦은 비를 주시는 하나님의 은혜를 의지하지 않고 자신들의 힘과 수고를 의지하여(자력갱생) 농수 문제를 해결하려고 했다. 하지만 이스라엘 땅은 아프리카판과 아라비아판의 거대한 지각이 교차하는 단층대로, 한 해에 260여 차례의 크고 작은 지진이 발생한다. 결국 웅덩이에 회반죽을 바른다고 해도 소용이 없어지는 것이다. 이것이 터진 웅덩이다. 북한이 파고 있는 터진 웅덩이의 대안은 '생수가 솟아나는 샘'을 파는 것이다.

> "명절 끝날 곧 큰 날에 예수께서 서서 외쳐 이르시되 누구든지 목마르거든 내게로 와서 마시라 나를 믿는 자는 성경에 이름과 같이 그 배에서 생수의 강이 흘러나오리라 하시니"(요 7:37~38)

2. 사마리아 수가성

사마리아 수가성에서 예수님은 우물로 물을 길으러 온 사마리아 여인에게 물을 좀 달라고 하신다. 여인이 "유대인은 사마리아인과 상종도 하지 않는데 왜 내게 물을 달라고 하십니까?"라고 묻자, 예수님은 "네가 만일 내가 누구인지 알았다면 내게 물을 달라고 구하였을 것이고, 그리하면 생수를 주었을 것"이라고 말씀하신다. 그러자 여인이 반박하기를 "물 길을 그릇도 없고 이 우물은 깊은데 어디서 당신이 그 생수를 얻겠습니까?"라고 하자 예수님은 이렇게 대답하신다.

> "내가 주는 물을 마시는 자는 영원히 목마르지 아니하리니 내가 주는 물은 그 속에서 영생하도록 솟아나는 샘물이 되리라"(요 4:14)

주님이 주시는 물은 끊임없이 공급되는 에너지원(supplied energy源)이며, 비전의 영적 에너지원(spiritual energy源)이고, 선교통일의 최고의 에너지원(super energy源)이다.

매튜 헨리는 "예수님이 말씀하신 샘물은 '은총의 계약으로 이미 주어졌던 샘물', 즉 죄 가운데 방황할 때는 발견되지 않지만, 하나님께 부르짖을 때에는 발견되는 샘물"이라고 했다. 선교통일의 에너지원은 이 샘에서 솟는 생수다.

유대인에게 샘물은 하나님의 은혜로 비유된다. 샘물은 인간의 노력과 수고 없이 얻어지는 물이기 때문이다. 물은 인간을 비롯한 모든 생명체의 생사를 가르는 생명과 같은 존재다. 생명체가 사는 지구 표면의 70% 이상은 해수로 채워져 있다. 지구는 물의 행성이다. 물은 인간을 비롯해 지구상에 존재하는 모든 생물체를 구성하는 가장 주된 성분이며, 지구상의 모든 생명을 유지시켜 주는 근원이다.

인간은 영원히 목마르지 않는 생수를 구할 줄 모른다. 영적으로 어두워졌기 때문이다. 인본주의자들이 마시는 물로는 영생에 이를 수 없다. 영원히 목마르지 않는 생명수가 솟는 샘이 있어야 한다. 죄 가운데 방황할 때는 이 샘물을 찾지 못한다. 예수를 모르는 자들이 한반도 선교통일의 길에서 얻어지는 이 생수의 필요를 느끼지 못하는 이유가 여기에 있다.

3. 눈물의 골짜기

선교통일의 길은 멀고 험한 산을 종주하는 것과 같다. 2021년 6월 광교산과 청계산 9개봉을 종주하면서 쓴 통일 시이다.

통일 종주 산행

산 자의 땅이라 오르는 곳
죽은 자의 무덤이라 머무는 곳
삶과 죽음의 회전그네를 즐기듯
오름과 내림의 불규칙한 연속 속에 초침처럼
똑똑 딱딱 투덕투덕 걷는 길

오름의 정점에서 누리게 될 열린 세계의 희열을 느끼며

활짝 핀 꽃처럼 오를 때에는

전심전력(全心全力)을 채운 배낭을 메고

쏟아지는 땀과 버거운 호흡을 생수 삼아

멈출 수 없는 인내의 거친 아다지오 행진에 나서고

내림의 저점에서 얻게 될 성취와 만족의 샬롬을 누리려

저녁노을처럼 내려오는 때에는 가볍지 않은 신중함을 빈 배낭에 지고

무모하거나 비겁하지 않은 발걸음을 스틱 삼아

포기하지 않는 용기의 단내나는 안단테 행군을 이어간다.

종주의 오름과 내림의 시퀀스(sequence) 속에서 덧입는 전신갑주

한발 한발 합리적 선택 속에 얻게 된 방패

신기루를 분별하는 실제적 판단 속에 주어진 투구

오르면서 강해지는 육체의 갑옷

내려오면서 현명해진 영혼의 날선 검

오름이 있어 강해지고

내림이 있어 현명해지는

생(生)의 은혜를 입기 위해

통일 종주의 인생 산에 오른다.

선교통일의 길을 종주하는 것은 결코 쉽지 않은 일이다. 박해의 오르막과 핍박의 내리막을 수없이 겪는 고난의 담금질을 감내해야 한다. 바울은 디모데에게 "복음과 함께 고난을 받으라"고 명령한다. 한반도 복음화의 길에 고난은 필수요건이다. 선교통일의 길을 종주하기 위해서는 고난 속에서 주님으로부터 공급되는 은혜가 있어야 하고, 생수가 떨어지기 전에 샘물을 찾아내야 한다. 생수의 은혜로 힘을 얻고 완주할 때 선교통일은 우리 앞에 다가오는 것이다.

> "그들이 눈물 골짜기로 지나갈 때에 그곳에 많은 샘이 있을 것이며 이른 비가 복을 채워주나이다 그들은 힘을 얻고 더 얻어 나아가 시온에서 하나님 앞에 각기 나타나리이다"(시 84:6~7)

Ⅱ. 샘물이 솟아나는 곳

생수가 솟아나는 곳은 말씀대로 사는 믿음의 사람들이 있는 곳이다.

> "나를 믿는 자는 성경에 이름과 같이 그 배에서 생수의 강이 흘러나오리라

하시니"(요 7:38)

1. 원수의 입에서 솟아나는 샘물

다윗은 엔게디 광야에서 연단을 받았다. 엔게디는 해발 마이너스 400m로 지구상에서 가장 낮은 곳이다. 엔(샘)과 게디(들염소)의 합성어인 엔게디는 '들염소의 샘'이라는 뜻이다. 엔게디에는 여름 건기에도 물줄기가 끊어지지 않는 엔게디 샘에서 솟아나는 수원으로 형성된 폭포가 있다. 다윗은 사울을 피해 엔게디 광야로 가서 600여 명의 추종자와 함께 숨어 있었다. 사울은 다윗과 그의 사람들을 찾으러 들염소(게디) 바위로 갔다고 했다. 이곳에서 다윗은 사울을 죽일 기회가 있었지만 하나님의 기름부음을 받은 왕을 직접 해하지 않고 하나님께 맡겼다. 사울은 이때 하나님을 경외하며 신앙으로 사는 다윗을 축복한다. 사울은 자신이 죽이려는 다윗 앞에서 솟아나는 샘물을 경험한 것이다.

"다윗에게 이르기를 나는 너를 학대하되 너는 나를 선대하니 너는 나보다 의롭도다 네가 나 선대한 것을 오늘 나타냈나니 여호와께서 나를 네 손에 넘기셨으나 네가 나를 죽이지 아니하였도다 사람이 그의 원수를 만나면 그를 평안히 가게 하겠느냐 네가 오늘 내게 행한 일로 말미암아 여호와께

> 서 네게 선으로 갚으시기를 원하노라 보라 나는 네가 반드시 왕이 될 것을 알고 이스라엘 나라가 네 손에 견고히 설 것을 아노니"(삼상 24:17~20)

대적자의 입에서 영적 샘물이 솟아난 것이다. 선교통일의 길을 갈 때, 기독교를 박해하는 북한 정권으로부터 이런 고백을 들을 수 있게 될 것이다.

2. 하나님 경외의 자리에서 솟는 샘

개척자(pioneer)가 그 분야에서 우위(advantage)를 점하려면 불리한 점을 극복해야만 한다. 이때 가장 중요한 것이 창조적 전략(지혜)이다. 남이 가는 길을 빠르게 따라잡는(Fast Follower) 전략은 1970년대 일본이 미국을, 1980년대 한국이 일본을 따라잡기 위해 구상했던 것이다. 하지만 따라잡아야 하는 대상이 없을 때는 스스로 창조적 지혜를 발휘해야 한다. 한국의 아이돌이 90년대 일본 아이돌 쟈니스를 따라잡고 세계 최고의 아이돌이 되면서 이제는 개척자로 리드하게 되었다. 그 리드를 유지하는 데 가장 필요한 것이 창조적 능력이다.

미국 남가주대 교수인 피터 골더와 제라드 켈리스의 연구에 의하면 개척자(Pioneer)보다 정착자(Settler)가 성공할 확률이 더 높다고 한다. 실패율도 개척자는 47%이지만 정착자는 8%이며, 시장점유율도 개척자는 10%밖에 안 되지만 정착자는 28%나 된다. 개척자의 길이 훨씬 더 어려운 것이다.

선교통일의 길은 개척자의 길이다. 개척의 길에 가장 필요한 창조적 지혜가 솟아나는 샘물을 파기 위해서는 생수의 근원되시는 하나님의 임재와 동행이 있어야 한다. 샘물은 물이 시작되는 근원이다. 한반도 통일의 시작점(근원)은 역사 섭리의 주관자이신 하나님이다. 창조주 하나님으로부터 창조적 지혜를 얻어 성취되는 통일이 선교통일이다. 선교통일의 시작점은 하나님이시다. 선교통일 개척자의 창조적 지혜는 겸손히 여호와를 경외할 때 주어진다.

> "여호와를 경외하는 것이 지혜의 근본이요 거룩하신 자를 아는 것이 명철이니라 나 지혜로 말미암아 네 날이 많아질 것이요 네 생명의 해가 네게 더하리라 네가 만일 지혜로우면 그 지혜가 네게 유익할 것이나 네가 만일 거만하면 너 홀로 해를 당하리라"(잠 9:10~12)

3. 성전에서 솟아나는 샘

에스겔 47장에는 솟아나는 샘의 환상이 기록되어 있다. 하나님이 에스겔을 데리고 성전 문에 이르신다. 그리고 동쪽 문지방 밑에서 물이 나오는 것을 보게 하신다. 이 샘물에서 솟아난 물이 흘러가면서 강물이 되고 바닷물이 되는데, 이 강물이 이르는 곳마다 모든 생물이 살고 또 고기가 심히 많아지며 바닷물이 되살아나고, 각처에서 모든 것이 소생하게 된다.(겔 47:1~12)

한반도 통일이 이루어지려면 교회에서 선교통일의 샘이 솟아나야 한다. 교회는 물 댄 동산 같고, 물이 끊어지지 아니하는 샘 같아야 한다.(사 58:11) 요한계시록에서는 샘물이 솟는 교회가 되기 위해 필요한 메시지를 알고 이것을 교회를 통해 선포하고 있다. 주님의 음성을 듣고 문을 여는 교회가 되어야 한다.(계 3:20) 첫사랑을 잃지 말아야 한다.(계 2:4) 주님의 말씀을 지켜야 한다.(계 3:8) 죽도록 충성해야 한다.(계 2:10) 믿음을 저버리지 말아야 한다.(계 2:13) 이세벨을 용납하지 말아야 한다.(계 2:20) 그리고 죽게 된 것을 굳건하게 해야 한다.(계 3:2)

우리는 어떤 자리에 있든지 샘물 근원으로 나가야 한다. 샘물 근원 되신 하나님께 나아갈 때, 주리거나 목마르지 않고 더위와 볕에 상하지 않게 되는 것이다.(사 49:9~10)

교회의 머리는 예수님이시다. 예수에게서 생수가 솟아난다. 예수님은 "누구든지 목마르거든 내게로 와서 마셔라 나를 믿는 자는 그 배에서 생수의 강이 흘러나오리라"(요 7:37)고 말씀하신다. 예수를 믿는 자들이 받는 성령이 바로 예수님이 주시는 샘물이다.

하나님은 분단된 한반도에 샘물을 주셨다. 성령의 역사로 예수를 주로 받아들였고, 예수로 말미암는 구원을 경험했고, 성령 충만한 역사로 대부흥을 경험했다. 광야와 같이 메말랐던 민족에 십자가가 세워지고 생수가 흐르는 샘이 되는 경험을 했다.

"또 광야가 변하여 못이 되게 하시며 마른 땅이 변하여 샘물이 되게 하시고"(시 107:35)

"그가 반석을 쳐서 못물이 되게 하시며 차돌로 샘물이 되게 하셨도다"(시 114:8)

4. 고난의 길에서 만나는 샘물

선교통일을 이루려면 선교하며 겪는 고난을 극복해 내야 한다. 바울은 선교사역을 하면서 자신이 겪는 어려움을 진솔하게 고백하고 있다.(딤후 4:9~16) 함께 동역하며 돕던 모든 이들이 떠났다. 데마는 세상을 사랑하여 바울을 버리고 떠났고, 그레스게와 디도는 다른 지역으로 갔고, 누가만 함께하는 상황이다. 여러 이유를 들어 선교적 사명을 버리고 동역자들이 모두 떠나갔을 때 바울은 심리적으로 많이 무너졌을 것이다. 또한 추위가 다가오는데 자신은 감옥에 있고 입을 옷이 마땅치 않았다. 가보의 집에 둔 겉옷을 좀 가져다 달라고 요청한다. 경제적으로도 어려웠다. 말씀을 연구하고 복음을 전하기 위해 책을 읽어야 하지만 책이 없었다. 그래서 디모데에게 가죽 종이에 쓴 것을 가져오라고 부탁한다. 사역의 여건이 녹녹하지 않았음을 알 수 있다.

이것은 선교통일 사역에 동참한 이들이 경험할 수 있는 어려움들이기도 하다. 거기에 더하여 구리세공업자 알렉산더는 바울 일행에게 많은 해를 입혔다고 했다. 삶과 사역의 조건만 어려운 것이 아니라, 괴롭히는 자로 인해 해를 입는 상황이 발생한다. 무엇보다 바울은 모함이나 부정적인 말들로 자신의 진심과 진정성이 왜곡되는 것을 막기 위해 변명을 할 때, 이해해주고 함께한 자가 한 사람도 없이 모두 자신을 버렸다고 했다. 바울은 이런 힘겹고 어려운 순간을 주님이 주시는 생명수로 극복했다.

"주께서 내 곁에 서서 나에게 힘을 주심은 나로 말미암아 선포된 말씀이 온전히 전파되어 모든 이방인이 듣게 하려 하심이니 내가 사자의 입에서 건짐을 받았느니라"(딤후 4:17)

모든 어려움에서 건짐을 받기 위해서는 주께서 힘을 주셔야 한다. 선교의 동력을 잃지 않는 길은 낙심하고 실망할 때, 아무 것도 할 의욕이 일어나지 않을 때 주께서 주시는 힘을 받는 것이다. 다윗이 그 많은 환난들을 극복할 수 있었던 비결은 주께서 힘을 주셨기 때문이다. 다윗이 승리할 수 있었던 동력은 여호와가 그의 힘이었고 다윗이 여호와를 사랑한 데 있다.

"나의 힘이신 여호와여 내가 주를 사랑하나이다"(시 18:1)

다윗은 그 힘으로 모든 대적을 이겨낼 수 있었다. 선교통일의 기적이 이 한반도 땅에 임하기 위해서는 선교통일의 여정 속에 샘물이 있어야 한다. 그래야 모든 고난과 역경을 이겨낼 수 있다. 대적 마귀가 우는 사자 같이 두루 다니며 삼킬 자를 찾지만 주의 은혜가 함께할 때 넉넉히 이겨낼 수 있다.

고난을 축복으로 여기며, 우리 안에서 멍에와 손가락질과 허망한 말을 제하여 버리고, 주린 자에게 심정을 동하고, 괴로워하는 자의 심정을 만족하게 하는 삶(사 58:9~10)을 살 때, 마르지 않는 샘이 솟아 마침내 선교통일의 역사가 이루어질 것이다.

"여호와가 너를 항상 인도하여 메마른 곳에서도 네 영혼을 만족하게 하며

네 뼈를 견고하게 하리니 너는 물 댄 동산 같겠고 물이 끊어지지 아니하는 샘 같을 것이라"(사 58:11)

블루오션(Blue ocean) 선교통일

제 7 강

블루오션(Blue ocean) 선교통일

  필연적이고 치열한 경쟁을 의미하는 레드오션(Red ocean)이라는 경제 용어가 있다. '틈새시장'이라고 해석될 수 있는 블루오션은 그에 대비되는 용어다. 광활한 푸른 바다에서 경쟁자 없이 평화롭게 지낸다는 의미의 이 단어는 새로 탄생했거나 경쟁자가 별로 없는 시장을 뜻한다. 선교통일은 통일의 다양한 이론들과 경쟁하지 않으면서도 실현 가능한 영적 접근을 통해 한반도 통일을 주장하는 메타(초월적) 통일론으로 통일의 블루오션이라 할 수 있다. 선교통일은 언약 성취의 길이다. 이 사역은 한국교회를 성장시키는 블루오션이다.

Ⅰ. 레드오션 통일

20세기 분단국가의 레드오션 통일 모형으로는 무력 흡수통일과 화평 통일, 합의 통일이 있다. 무력 흡수통일은 무력에 의한 통일로 급진적 통일론이다. 화평 통일은 햇볕정책을 통해 하나 되는 통일로 점진적 통일론이다. 합의 통일은 지도자들의 합의에 의해 이루어지는 통일로 톱다운(top down) 방식의 통일이다.

1. 무력 흡수통일

무력 흡수통일은 힘있는 나라가 힘없는 나라를 강제로 흡수하는 급진적 통일이며, 대결과 압박으로 약자를 굴복시키는 힘에 의한 통일이다. 베트남은 1975년 북베트남 공산세력의 무력에 의해 흡수통일을 이루었다. 통일 과정에서 인명, 국토, 경제(생산시설) 파괴로 인해 빈곤에 빠지고, 자유 상실과 인간성 파괴를 경험했다. 통일의 편익을 누리기보다 통일의 비용을 극복하는 데 모든 에너지가 소모되는 통일이다. 도이모이(베트남어 '바꾸다 doi'와 '새롭게 moi'의 합성어) 정책으로 경제적 위기를 극복하기 위해 공산주의 기반의 혼합 개혁개방 경제정책을 실시하고 있지만, 여전히 공산주의를 견지하기에 그 한계가 있다.

2. 화평 통일

화평 통일은 통일환경 조성을 위한 지원과 지속적 교류협력으로 통일을 이룰 수 있다고 믿는 것으로, 햇볕정책을 통해 점진적으로 이루는 통일이다. 독일은 동서독이 전쟁 없이 화평한 가운데 동독이 서독에 편입되면서 통일을 이루었다(1990년). 이런 통일을 '브란트식 통일'이라고 한다.

서독은 통일을 위해 동독과 지속적인 만남을 실시했다. 통신을 통한 소통을 위해 분단 이후 통일될 때까지 전화통화 4,000만 회, 편지 2억 통, 소포 약 3,600만 개를 상호 교환했다. 동서독의 여러 도시가 자매결연을 맺었다. 1986년 서독의 자알루이스와 동독의 아이젠휘테슈타트 간 첫 공식 자매결연 이후 브레멘과 로스톡, 부퍼탈과 슈베린 등 1989년 11월까지 총 98개의 동서독 도시의 자매결연이 이뤄졌다. 이후 통일이 진행되면서 1990년 10월에는 그 수가 854개에 이르렀다.

또한 인적 교류로 1980년대 이후 매년 800~900만 명이 교류했는데, 서독과 동독의 청소년 교류를 지원하고, 홈스테이를 장려하고, 언론, 문화, 체육 교류를 활성화시켰다. 또한 서독교회의 인도적 지원과 동독교회의 월요기도회 등 영성적 섬김에 의해 화평을 추구하는 가운데 독일은 전쟁 없이 통일을 이루었다. 그 결과 통일비용보다 더 큰 통일편익을 누리게 되었고, 서유럽 최강국이 될 수 있었다. 통일 이후에도 정치 통합(1년), 경제 통합(화폐 통합, 동독 대량 이주 방지 10년) 등을 실시했지만, 여전히 사회통합의 어려움을 겪고 있다.

3. 합의 통일

남·북예멘의 통일은 1990년 독일보다 4개월 먼저 지도자들의 담판에 의해 이루어졌다. 하지만 지배세력 간의 권력다툼, 이념 갈등, 경제적 이득권 싸움 등으로 94년 재분열되었다가 전쟁에 의해 재통일을 이루었다.

갈등의 문제를 해결하지 않은 채 합의로 이루어진 통일은 그 어느 방식보다 사회통합에서 어려움을 겪었다. 사회주의 체제인 남예멘 지역의 빈곤 문제와 유전을 둘러싼 이권 다툼, 이슬람 수니파와 시아파 간의 종교 갈등, 남예멘 지역의 분리주의 문제 등이 여전하다. 체제만의 통합으로 통일이 이루어지는 것은 아니었다. 현재도 예멘은 인플레이션으로 인한 식량 부족, 전염병 창궐 등으로 최빈국을 벗어나지 못하고 있다.

Ⅱ. 한국 기독교의 레드오션 통일론

1. 반공통일론

1950~70년대 한국 기독교는 남한 정부의 정책을 따라 반공 통일론을 지지하고 멸공 흡수통일을 위해 기도했다. 분단과 한국전쟁 이후 탈북한 기독교인들과, 남한에서 6·25전쟁을 겪은 교회는 반공 흡수통일 이외의 다른 통일은 생각할 여지가 없었다.

2. 평화통일론

1980년대 NCCK(한국기독교교회협의회)가 주도한 통일은 화평을 통해 이루는 평화통일론이다. 평화통일론은 WCC(세계교회협의회) 웁살라 대회(1968년)의 신학적 사조와 입장을 따르는 통일론이다. WCC의 입장은 교회의 사회적 책임 수행을 위해 맑시즘 등 사회학적 통찰을 기독교 신학에 적극 반영한다. 적절한 폭력적 저항까지 정당화하고, 선교의 개념을 인간화와 동일시하는 입장을 견지한다. 평화통일론은 80년대 진보적 민중신학, 토착화 신학, 심지어는 남미의 해방신학과도 어느 정도 맥을 같이하는 통일론으로 주로 기독교 진보주의자들이 강하게 주장한 통일론이다. 이에 따라 북한체제 내 기독교와 만나 통일을 논하고 화평을 도모하는 통일 선언문을 내놓게 되었다.

III. 블루오션 선교통일

분단체제가 지속되고 체제 경쟁이 이어지면서 남북이 통일의 길을 찾지 못하고 있을 때, 기도하던 사역자들과 선교단체에서 복음의 능력으로 이루어지는 '복음통일'을 주장하기 시작했다. 복음 전파로 이루어지는 복음통일은 그동안의 레드오션 통일론과 구별되긴 하지만 그 개념이나 이론의 정립 없이 사용되었다.

복음주의 통일운동으로서의 복음통일론은 북한선교 사역단체나 대북방송 등을 통해 그 용어가 확산되었다. 기독교 통일단체인 평화한국의 허문영 박사는 통일론을 셋으로 구분했다. 첫째, 통일1.0 패러다임의 전쟁통일론은 1950~60년대 냉전기의 적대적 대결 통일론, 둘째 통일2.0 패러다임의 대화통일론은 1970~90년대 긴장 완화기와 탈냉전기를 거쳐 현재 북한의 핵실험과 대량살상무기 개발이라는 결과에 봉착한 통일론, 셋째, 통일3.0 패러다임의 복음통일론은 지금 시대에 모색, 수립, 실천해야 하는 통일론이라는 것이다.

허 박사는 복음통일론이 창의적 균형통일론이라고 했다. 아울러 복음통일론은 창의적으로는 한민족형 통일, 변혁적으로는 성경적 통일, 미래적으로는 상생적 통일이라고 주장했다. 이 복음통일론 개념은 연합 기도단체인 쥬빌리통일구국기도회, 에스더기도운동본부, 광장기도회, 월요 통일기도회 등에서 사용되면서 확산되었다.

선교통일이라는 용어는 박완신 박사가 '21세기 북한 종교와 선교통일'(2002)에서 처음 사용했다. 그는 복음의 절대성을 고려하면서 대상의 문화에 맞는 선교전략을 수행하기 위해 선교대상, 선교전략에 대한 철저한 연구가 필요하다고 했다. 하지만 선교 환경을 명확히 진단해 효과적인 세계선교, 북방선교, 북한선교를 수행해야 한다는 선교적 맥락에서 '선교통일'이라는 제목을 사용했지만, 선교통일의 개념이나 내용에 대해서는 설명하지 않았다. 저자 자신도 민족통일이나 평화통일의 개념 속에서 통일을 설명하고 있어 선교통일은 더 이상 사용되지 않고 있는 용어다.

선교통일은 복음통일의 개념을 보다 명확하게 해준다. 선교통일은 언약에 근거한 통일 개념을 설명하고 있는 메타 통일론이다.

1. 선교통일의 호칭

선교와 전도는 개념 구분이 쉽지 않다. 전도(傳道)는 비신자들에게 복음을 직접 전하는 행위로 국내에서 복음을 전하는 사역을 말하며, 선교(宣敎)는 해외에서 복음을 전하기 위한 모든 사역을 포함하되 주님의 사랑을 전하기 위한 포괄적인 사역을 말할 때 사용된다.

하지만 현대에는 선교와 전도 개념의 구분 없이 동시에 사용되고 있다. 트리니티 신학대학교의 데이비드 헷셀그레이브 박사는 '선교적 전도'라는 개념으로 선교와 전도를 구분하지 않고 설명하고 있다. 동일 문화권에 복음을 전파하는 것을 선교적 전도1(Mission Evangelism1), 유사 문화권에 복음을 전파하는 것을 선교적 전도2(Mission Evangelism2), 이질 문화권에 복음을 전파하는 것을 선교적 전도3(Mission Evangelism3)으로 구분하고 있다.

이런 측면에서 본다면 북한선교는 선교적 전도1(Mission Evangelism1)에 속하고, 그 안에서 셋으로 구분해 본다면 모국에서의 동일 문화권 선교 전도는 홈미션1(Home mission1)로 탈북민 사역, 모국에서의 유사 문화권 사역으로 홈미션2(Home mission2)는 탈북민 사역(돌봄과 구출), 모국에서의 이질 문화권 홈미션3(Home mission3)은 북한주민 선교사역(지하교인을 중심으로)으로 구분된다.

선교통일이나 전도통일의 구분 없이 그 내용을 품은 선교적 전도1(Mission Evangelism1) 사역은 한국에서의 관례에 따라 북한선교라 불린다. 남한의 관례는 북한전도라는 용어보다는 북한선교라는 용어를 선호한다. 그러므로 전도통일보다는 선교통일로 통칭해 사용하는 것이 자연스럽다.

2. 선교통일의 선교(전도)

현대 기독교 지성을 대표하는 복음주의 지도자 존 스토트는 성경에 나오는 전도를 복음의 메시지 측면에서 세 가지로 설명했다. 첫째, 복음적 사건으로 초림, 십자가, 부활, 승천, 승귀(昇貴, 높아지심)를 말한다. 둘째, 복음적 증거로 선지자, 사도들의 증언을 말한다. 셋째, 복음적 약속으로 죄 사함, 성령의 강림, 그의 자녀됨을 말한다. 넷째, 복음적 요구로 회개를 말한다.

선교통일은 성경적 전도로서의 복음적 메시지를 분명하게 선포해서 한반도가 복음화될 때 이루어지는 통일이다. 그러므로 선교통일은 복음적 메시지가 강력하게 선포되고, 임마누엘 메시지가 강화되며, 동행하시는 하나님 안에서 종말론적 신앙을 강력하게 증거할 때 이뤄진다.

3. 선교통일의 개념

선교통일론은 복음통일의 모호한 개념을 더 명확히 하는 것으로, 한반도 복음화를 통해 이루어지는 언약 통일론이다. 언약 성취의 통일은 초월적인 통일론으로 블루오션 통일이다. 선교통일에 대한 성경적 언약은 화목의 언약, 평화의 나라 도래의 언약, 예수 안에서 통일되는 언약이다.

첫째, 화목의 언약

그리스도는 우리를 하나님과 화목하게 만드시고, 우리에게 이 땅에서 화목하게 하는 직분을 주셨다. 분열되고 갈라지고 나눠진 분단 한반도가 서로 화목하게 되는 일은 화목하게 하는 직분을 받은 자가 화목하게 하는 말씀을 전파할 때 성취되는 것이다.

> "모든 것이 하나님께로서 났으며 그가 그리스도로 말미암아 우리를 자기와 화목하게 하시고 또 우리에게 화목하게 하는 직분을 주셨으니 곧 하나님께서 그리스도 안에 계시사 세상을 자기와 화목하게 하시며 그들의 죄

를 그들에게 돌리지 아니하시고 화목하게 하는 말씀을 우리에게 부탁하셨느니라"(고후 5:18~19)

둘째, 평화의 나라 도래의 언약

때가 찬 하나님의 나라가 도래할 때 이 땅에 온전한 평화가 이루어진다. 한반도가 전쟁을 포기하고 하나 되는 길은 언약의 성취 외에는 없다.

> "그가 많은 민족들 사이의 일을 심판하시며 먼 곳 강한 이방 사람을 판결하시리니 무리가 그 칼을 쳐서 보습을 만들고 창을 쳐서 낫을 만들 것이며 이 나라와 저 나라가 다시는 칼을 들고 서로 치지 아니하며 다시는 전쟁을 연습하지 아니하고 각 사람이 자기 포도나무 아래와 자기 무화과나무 아래에 앉을 것이라…"(미 4:3~4)
> "때가 찼고 하나님의 나라가 가까이 왔으니 회개하고 복음을 믿으라"(막 1:15)

셋째, 예수 안에서 이루어지는 통일 언약

레드오션의 통일은 어떤 방식으로 이루어지더라도 결국 통합의 과정에서 진통을 겪고 힘들어진다. 한반도의 통일이 복음화를 통해 예수 안에서 이루어진다면 사회 통합은 가장 순조롭고 무리 없이 진행될 것이다. 하나님의 뜻은 우리가 그리스도 안에서 하나 되는 것이다.

> "하늘에 있는 것이나 땅에 있는 것이 다 그리스도 안에서 통일되게 하려 하심이라"(엡 1:10)

4. 블루오션 선교통일의 시대적 배경

복음과 성경을 초석으로 하는 복음 전도를 선언한 독일 복음주의 신학자들의 '프랑크푸르트 선언'(1970년)은 복음 전도를 강조하고 복음의 적용으로 사회참여를 주장했다. 분단된 한반도의 문제를 풀어가기 위해 통일 문제에 적극적으로 참여하는 것은 복음에 대한 편견을 허물게 하는 일이며, 복음이 복음되게 하는 일이다. 한반도 통일은 복음을 통해 이루어지는 사역이고, 이를 위해 섬기며 봉사하는 모든 행위는 복음에 참여하는 활동이다. 예수님의 사역 안에는 케리그마와 디아코니아가 함께한다. 1989년 마닐라 선언에서는 우리 인간의 곤경과 오늘을 위한 복음, 예수 그리스도의 유일성을 선포하고 있다. 한반도 땅의 곤경을 풀어가는 열쇠는 복음이며, 예수 그리스도의 유일성을 선언하는 것이다.

Ⅳ. 선교통일의 영적 싸움

1. 반통일 세력

반통일 세력은 분단이 가져다준 기득권(정권)을 계속 유지하면서 분단 이데올로기를 고양시켜 민족의 영구분단이 지속되기를 바라고 조장하는 자들이다. 북한은 3대 혁명역량을 강화하고 통일의 3대 원칙을 통해 통일을 이루겠다고 주장한다.

3대 혁명이란 첫째, 북한의 혁명역량으로 사회주의 건설, 유일체제 강화, 혁명기지 강화를 말한다. 둘째, 남한의 혁명역량으로 지하당 조직 창건, 통일전선 구축, 한미 이간을 말한다. 셋째, 국제 혁명역량으로 공산국가와 유대, 비동맹권과 서방국가로의 침투를 말한다.

통일의 3대 원칙이란 첫째, 자주의 원칙으로, 김일성 주체사상에 입각해 미군을 철수하고 외세의 간섭 없이 통일을 이루는 것을 말한다. 둘째, 평화의 원칙으로, 남한 주민이 자주의 원칙을 받아들여 사회주의 국가를 건설하여 사는 상태를 말한다. 셋째, 민족 대단결의 원칙으로, 자주와 평화의 통일을 위해 남북한 민족이 함께 단결하고 뭉치는 상태를 말한다. 북한 정권은 백두혈통으로 일컬어지는 김씨 왕조의 기득권을 유지하면서 주체사상 이데올로기를 고양시켜 결국 통일보다는 영구분단을 지속시키는 반통일 세력이다.

2. 선교통일 세력

선교통일 세력은 한반도 복음화를 통해 한반도를 하나 되게 하는 통일 사역자들이다. 선교통일 사역자는 선교를 방해하는 반통일 세력과 영적 싸움을 해야만 한다. 선교통일을 이루려면 교세 확장이 아니라 한반도 복음화를 위해 헌신해야 하고, 기독교를 가장 강하게 박해하는 북한의 수령 정권과 영적 싸움을 해야 한다. 또한 우상과 귀신의 포로가 된 북한 주민 모두에게 강력히 복음을 전파해야 한다.

이를 위해 선교통일 사역자는 북한의 3대 혁명역량 강화에 맞대응하여 3대 복음화 역량을 강화해야 한다. 그것은 첫째, 북한 지하교회 선교 역량 강화, 둘째, 남한 복음화 역량 강화, 셋째, 국제 선교 역량 강화다.

또한 선교통일 3대 원칙을 분명히 해야 한다. 첫째, 주님의 원칙으로, 통일의 주도권은 주님에게 있다. 둘째, 복음의 원칙으로, 통일은 복음화를 통해 이루어진다. 셋째, 하나님 나라의 원칙으로, 통일은 하나님 나라 가치의 실현을 통해 성취된다.

3. 영적 싸움

북한은 헌법에 핵 보유를 명시하면서(2012. 4. 13 최고인민회의 헌법 개정) "우리 조국을 불패의 정치사상 강국, 핵보유국, 무적의 군사강국으로 전변시켰다"고 했다. 핵은 한반도를 망하게 하는 절대악이다. 선교통일을 이루기 위해서는 핵 폐기를 위해 기도해야 한다. 한반도가 사상 강국이 아니라 영성 강국이 되도록 기도해야 한다.

북한은 백두혈통 세습왕조 체제의 생존을 우선순위에 두고 헌법과 노동당 규약에 이를 명시했다. 계속해서 김씨 수령 우상 왕조를 이어가겠다는 것이다. 선교통일을 위해 북한의 수령 우상이 사라지고 아브라함의 믿음의 혈통이 세워지도록 영적 싸움을 해야 한다.

V. 블루오션 선교통일의 열매

하나님 나라 확장을 통해 성취되는 한반도의 통일은 분단으로 인한 마음의 상처를 치유하고, 사망이나 애통이나 곡함이나 아픈 것이 없는 통일이다. 그것은 또한 하나님이 함께하시는 임마누엘의 통일 속에 다시 분열이 일어나지 않는 통일이다.

> "내가 들으니 보좌에서 큰 음성이 나서 이르되 보라 하나님의 장막이 사람들과 함께 있으매 하나님이 그들과 함께 계시리니 그들은 하나님의 백성이 되고 하나님은 친히 그들과 함께 계셔서 모든 눈물을 그 눈에서 닦아 주시니 다시는 사망이 없고 애통하는 것이나 곡하는 것이나 아픈 것이 다시 있지 아니하리니 처음 것들이 다 지나갔음이러라"(계 21:3~4)

블루오션 선교통일의 영향력

조선 말기, 해양 세력인 일제와 대륙 세력인 러시아와 청나라가 세력 다툼을 벌였다. 하지만 조선은 속수무책으로 어찌할 바를 몰랐다. 결국 일제의 침략에 나라를 수탈당하고 주체적 역량을 제대로 발휘하지 못하는 나라가 되고 말았다.

이때 한반도에 형성된 기독교가 끼친 영향력은 강력했다. 근대 교육과 의료뿐 아니라 신분차별 금지, 독립정신 고취 등을 통해 마침내 독립 국가가 도래하도록 강력한 영향력을 발휘했다. 해방 후 미소의 신탁통치 기간 동안 이데올로기 다툼으로 인한 세력분열이 생겼을 때도 기독교는 공산주의로부터 한반도의 절반을 지켜내는 일에 큰 영향력을 나타냈다. 남한의 기독교는 남한의 경제적 성장과 발전의 동력이 되었고, 자유민주주의를 지켜내는 수문장 역할을 했다. 남북 분단시대에 이제 기독교는 선교통일을 통해 민족 적대의 감정을 극복하고 하나 되는 길을 열어야 한다.

선교통일의 절대적 가치

08

제 8 강

선교통일의 절대적 가치

지금은 절대가치(Absolute Value)의 시대이다. 기업도 과거에는 제품을 판매할 때 마케팅 능력, 브랜드, 거대유통망 입점을 중요시했지만 지금은 플랫폼 기업(오픈마켓: 온라인 쇼핑몰 쿠팡, 11번가, 이베이, 위메프, 인터파크 등)의 등장으로 완전경쟁에 노출되면서 브랜드 고객 충성도가 아닌 가격이나 품질에 의해 판매가 결정된다.

이타마르 시몬슨의 의사결정과정 연구에 의하면 이 시대는 완전 정보 시대로 절대가치의 시대다. 그는 소비자의 제품 구매는 품질 또는 가치를 직접 체험하고 느끼는 오감의 가치로 결정된다고 했다.

Ⅰ. 가치평가

1. 상대평가와 절대평가

　교육도, 노동도, 교회도 상대평가와 절대평가를 할 수 있다. 상대평가는 결과에 포커스를 맞추는 수단 지향적이지만, 절대평가는 과정을 중시하며 목적 지향적이다. 가치평가에 있어 중요한 것은 절대평가다.

　주식가치 평가 방법 가운데 상대가치법과 절대가치법이 있다. 상대가치법이란 주가수익비율(PER), 주가순자산비율(PBR) 등으로 주식의 가치를 평가하여 그 주식이 저평가인지 고평가인지 비교하는 방법인데, 문제는 평가기준이 없어 평가가 애매하다는 것이다. 반면에 절대가치법이란 기업이 현재와 미래에 창출할 이익을 기반으로 기업의 본질적인 가치를 평가하는 방식을 말한다. 선교통일의 가치는 현재와 미래 선교통일이 창출해 내는 유익을 기반으로 본질적인 가치를 평가하는 절대가치법으로 평가받아야 한다.

2. 한국의 가치

임마누엘 페스트라의 '한국인만 모르는 다른 대한민국'(21세기북스)에는 한국의 선진국 진입에 대한 가치를 평가한 대목이 나온다.

> "한국의 선진국 진입은 과거 식민지 운영 경험이 없는 조건에서 이뤄졌다는 점에서 전세계 수많은 개발도상국에 그들도 선진국이 될 수 있다는 희망을 주는 근거가 되었다."

그는 한국의 선진국 진입이 주는 가치를 잘 설명하고 있다. 한국은 세계 이데올로기 대립의 현장에서 자유시장경제를 따르는 자유민주주의 체제가 사회주의 체제보다 더 우월함을 증명해낸 나라로서의 가치가 있다. 체제 갈등 속에서 자유민주주의와 시장자본주의를 지켜낸 나라로서의 가치도 있다. 이러한 가치는 한국적 상황에서만 가능한 절대적 가치이다. 이제 남한은 분단의 장벽을 넘어 평화 가운데 통일을 이룬 국가로서의 절대적 가치를 한 번 더 창출해야 한다. 한국은 헌법 제4조에 명기된 대로 통일을 지향하며, 자유민주적 기본질서에 입각한 평화적 통일정책을 수립하고 이를 추진해야 한다.

3. 한국의 가치 형성과 기독교

남한의 가치 형성에 있어 기독교가 끼친 영향은 절대적이다. 독립운동을 주도했던 3·1운동 민족대표 33인 중 16명이 기독교인이었고, 일제에 재판받은 44명 중 22명이 기독교인이었다(불교 2명, 천주교 0명). 일제 강점기 조선 총독들은 신사참배를 통한 내선일체화 정책을 통해 독립운동의 거점인 기독교를 해체시키려 했다. 근현대사에서 선교사의 교육(학교), 의료(병원), 복지(고아원)의 영향력은 말할 필요조차 없다.

기독교는 남한이 민주국가를 창건하는 첫걸음부터 함께 했다. 1948년 5월 31일 제헌국회에서 이승만 대통령은 일제로부터의 독립과 나라를 세울 수 있게 된 모든 것이 하나님의 은혜였음을 고백하고 목사인 이윤영 의원의 기도로 국회를 개원하자고 말했다. 다수의 불신자들과 타종교인 누구도 이를 문제 삼거나 말하는 자가 없었다.

이후, 공산주의를 막아내고 자유민주주의체제를 지키는 일에도 기독교는 최선을 다했고, 새마을운동에도 주도적으로 참여하면서 경제발전을 이끈 정신적 힘이 되었다. 오늘날 기독교의 영향력과 가치가 저평가된 것은 기독교가 우리 민족사에 끼친 긍정적 영향력이 정당한 평가를 받지 못했기 때문이다.

II. 절대적 가치

절대적 가치란 비교할 것이 없는 고유의 가치, 변하지 않는 고정불변의 가치, 비본질적인 것과 구분되는 본질적 가치를 말한다.

1. 비교할 것이 없는 고유의 가치

북한에서 수령은 그 어느 것과도 비교할 수 없다. 그래서 북한체제를 수령절대주의 체제라고 말하는 것이다. 선교통일론도 그 어느 통일이론과 비교할 수 없다. 성경의 언약에 기초하여 성서적 기준에 따라 성취되는 통일은 절대적 존재인 예수 안에서 이루어지는 통일이다. 예수님은 절대자이시다. 예수님만이 주님이시며(롬 10:9, 고전 12:3), 예수님만이 구원자이시고(마 16:16, 행 4:12), 예수님만이 선한 목자이시다.(시 23:1, 요 10:11) 예수님과 견주거나 비교될 자는 없다. 그러므로 예수 안에서 이루어지는 통일로서의 선교통일은 비교할 수 없는 가치가 있는 것이다.

2. 변하지 않는 고정불변의 가치

성경은 일점일획이라도 가하거나 감할 수 없다. 성경은 고정불변의 가치이다.

> "내가 율법이나 선지자나 폐하러 온 줄로 생각하지 말라… 천지가 없어지기 전에는 율법의 일점일획도 결코 없어지지 아니하고 다 이루리라"(마 5:17, 18)

하나님은 한반도를 창조하셨다.(창 1:1) 한반도 역사의 주관자는 하나님이시다.(롬 13:1) 한반도의 하나 됨은 하나님 나라 복음 안에서 이루어진다.(막 1:15) 이렇게 선포하며 이루어가는 선교통일론은 성경이 고정불변의 가치인 것처럼 고정불변의 가치다.

3. 비본질적인 것과 구분되는 본질적 가치

요한복음에서 예수님이 스스로 자신을 드러내신 표현이 있다. 비유 혹은 직유로 자신을 계시하신 예수님의 말씀은 비본질적인 것과 구분되는 예수님의 본질적 가치를 표현한 것이다.

"나는 생명의 떡이다."(Ἐγώ εἰμι ὁ ἄρτος τῆς ζωῆς 요 6:35) 이 떡은 하늘에서 내려 세상에 생명을 주는 본질적인 떡이다.

"나는 세상의 빛이다."(Ἐγώ εἰμι τὸ φῶς τοῦ κόσμου 요 8:12) 이 빛을 따르는 자는 본질적인 생명의 빛을 얻게 된다.

"나는 양의 문이다."(Ἐγώ εἰμι ἡ θύρα τῶν προβάτων 요 10:7, 9) 예수의 문으로 들어가면 본질적인 구원을 받게 된다.

"나는 선한 목자다."(Ἐγώ εἰμι ὁ ποιμὴνό καλὸς 요 10:11) 예수는 생명을 소생시키시는 본질적인 선한 목자이시다.

"나는 부활이요 생명이다."(Ἐγώ εἰμι ἡ ἀνάστασις καὶ ἡ ζωή 요 11:25) 예수를 믿는 자는 죽어도 살고, 살아서 믿는 자는 영원히 죽지 않는 본질적 영생을 얻는다.

"나는 길이요 진리요 생명이다."(Ἐγώ εἰμι ἡ ὁδὸς καὶ ἡ ἀλήθεια καὶ ἡ ζωή 요 14:6) 예수로 말미암지 않고는 하나님 나라에 들어갈 수 없다.

"나는 참 포도나무다."(Ἐγώ εἰμι ἡ ἄμπελος ἡ ἀληθινή(요 15:1, 5) 참 포도나무에 붙어 있지 아니하는 가지는 스스로 열매를 맺을 수 없다.

예수는 본질적 가치다. 그러므로 예수로 말미암아 성취되는 선교통일은 절대적 가치가 실현되는 통일이다.

Ⅲ. 선교통일의 가치

선교통일은 한반도 통일국가 체제에 복음적 절대가치가 반영될 수 있는 기회를 제공한다. 선교통일은 남북 간 분단으로 이질화된 민족성을 하나로 통합할 수 있는 가장 확실한 길이다. 예수 안에서 이미 이루어진 통일과 아직 이루어지지 않은 통일을 성령 안에서 성취시키는 선교통일은 현재 토론되고 주장되는 통일이 아니라 지금 진행되고 있는 열린 통일이다. 진정한 자유와 온전한 통일의 본질에 충실한 가치가 선교통일의 가치이다.

1. 진정한 자유

선교통일은 블루오션 영역의 가치를 소유하고 있다. 선교통일은 남북한의 체제와 이데올로기의 벽을 뛰어넘지 못한 가운데 경쟁하는 한반도의 레드오션 통일을 넘어설 수 있다. 선교통일의 가치를 평가하는 관점은 상대적 가치가 아니라 절대적 가치이다.

미국의 절대가치는 개인의 표현의 자유가 구현되는 나라를 세우는 것(미국 수정헌법 1조)이다. 남한도 개인의 자유를 절대적 가치로 갖고 있다. 남한은 어떤 경우에도 이 가치를 포기하지 않는 통일을 원할 것이다. 북한의 절대가치는 수령절대주의를 구현하는 것이다(사회정치적 생명체론, 1986년). 북한에서 개인의 가치는 큰 의미가 없다. 북한은 수령의 자유만 보장되는 나라이다. 북한은 이 수령의 가치가 구현되는 통일을 원할 것이고, 수령체제를 거부하는 어떤 통일도 동의하지 않을 것이다.

선교통일의 가치는 통일의 주가 되시는 예수님에게 있다. 선교통일의 가치는 예수님의 가치이다. 예수님의 자유가 우리 안에 이루어지는 통일이 선교통일이다. 진정한 자유는 개인의 자유도 수령의 자유도 아니다. 절대적 자유는 예수님 안에서의 자유이다. 예수님 안에 있을 때 율법과 죄와 사망과 심판으로부터 진정한 자유를 누릴 수 있다.

2. 온전한 통일

선교통일론은 이런 역사적 평가의 공과가 아닌 성경의 가치평가 기준을 따른다. 성경의 가치는 영적 가치이다. 육적 가치는 상대적 가치로 허무와 회의를 일으킨다. 혼적 가치는 유동성 가치로 갈등과 탄식을 유발하지만, 영적 가치는 절대적 가치로 자존감과 만족을 준다.(갈 5:16~17)

한반도(남북)가 온전한 통일을 이루려면 남북통합이 이루어져야 하는데, 남한은 물질주의와 향락주의에 함몰되어 있다. 육적 가치의 수준에서 허무와 회의에 너무나 사로잡혀 있다. 그 힘으로는 어떤 통일도 이룰 수 없다. 북한의 이데올로기(주체사상)는 혼적 가치로 늘 사상투쟁을 강조하지만 교만과 자만에 빠져 갈등과 탄식을 벗어날 길이 없다.

선교통일의 가치는 영적 가치로 이것을 통해 온전한 통일을 성취할 수 있다. 육의 가치도 혼의 가치도 모두 육체에 속한 가치다. 육체의 일은 분명하다. 곧 음행과 더러운 것과 호색과 우상숭배와 주술과 원수 맺는 것과 분쟁과 시기와 분냄과 당 짓는 것과 분열과 이단과 투기와 술취함과 방탕과 그와 같은 것들이다. 이런 일을 통해서는 하나님의 나라를 유업으로 받지 못한다.(갈 5:19~21)

영적 가치는 성령을 통해 주어진다. 육체의 소욕은 성령을 거스르고 성령은 육체를 거스른다. 이 둘이 서로 대적함으로 원하는 것을 이루지 못하게 한다.(갈 5:17) 북한은 말할 것도 없고 남한의 인본주의자들은 그 어떤 것으로도 분단의 벽을 헐지 못하면서, 선교통일의 길을 방해하고 한반도 복음화도 훼방한다. 영적 가치가 실현되는 자리에는 허무와 회의, 갈등과 탄식이 없다. 온전한 통일은 영적 가치가 실현되는 선교통일이다.

3. 기도와 말씀 통일

기독교는 절대복음을 전파한다. 복음전파에 있어 성장 지향적일 때에는 절대복음보다는 마케팅 능력을 통한 전도의 방법과 전략이 중시되기도 했다. 이때 중요한 것은 브랜드 가치를 만들어 내는 것이었다. 브랜드 가치의 우위를 통한 유통망 조직으로서 교단의 가치가 중요했다.

개별 교회주의를 추구한 한국교회는 거대 유통망 입점처럼 대형교단이나 대형교회 지향적 선교전략을 추구했다. 하지만 이런 기독교 선교전략은 더 이상 통하지 않는다. 변화된 세계와 인터넷 환경에서 새롭게 형성되는 기독교 플랫폼에서는 절대적 가치 기준에 따른 평가가 이루어지고 있다. 브랜드 교인 충성도를 교단 신뢰에 두었던 시절은 지나갔다. 이들 교회의 교인 충성도는 현저히 저하되고 있다. 이제는 교단이나 교파가 아니라 절대적 복음에 따라 본질을 추구하는 성도로서의 충성도로 바뀌고 있다.

선교통일은 본질을 추구한다. 기독교의 본질 사역은 기도와 말씀 사역에 힘쓰는 것이다.(행 6:4) 선교통일은 오로지 기도하는 일에 전념할 때 성취 가능한 통일이며, 말씀이 한반도에 온전히 전파되어 복음화될 때 이루어지는 통일이고, 기도와 말씀의

두 기둥 위에 세워지는 통일이다.

Ⅳ. 선교통일 가치의 성경적 정당성

선교통일은 하나님의 뜻이 성취되며, 하나님 나라가 확장되고, 땅끝 선교의 길이 열린다는 점에서 성경적 정당성을 갖는다.

1. 하나님의 뜻 성취

주기도문의 핵심은 뜻이 하늘에서 이루어진 것같이 땅에서도 이루어지는 것이다. 선교통일은 한반도 땅에 하나님의 뜻이 성취되는 여정 가운데 이루어지는 것이다. 탁월한 선교학자인 도널드 맥가브란은 선교를 이렇게 정의했다.

> "선교란 예수 그리스도를 따르지 아니하는 사람들에게 전도하기 위하여 복음을 들고 문화의 경계를 넘는 것이며, 또한 사람들을 권하여 그의 책임적인 회원이 되게 하여 성령이 인도하시는 대로 전도와 사회정의를 위한 일을 하며, 하나님의 뜻이 하늘에서 이룬 것같이 땅에서도 이루어지게 하는 것이다."

하나님의 뜻이 이루어지는 선교의 과정 속에서 그의 나라와 그의 의를 구할 때 한반도의 통일은 은총으로 주어지는 것이다.

2. 하나님 나라 확장

존 스토트는 '현대의 기독교 선교'(Christian Mission in the Modern World)에서 예수 그리스도의 사역을 이렇게 설명했다.

> "확실히 그분은 하나님 나라의 복음을 선포하고 그 나라의 도래와 성격을 가르치며 어떻게 그곳에 들어갈 수 있고 또 어떻게 확장될 것인지를 말씀하셨다. 그러나 그분은 말뿐만 아니라 행위로도 실제의 삶을 사셨다. 그러기에 예수 그리스도의 사역에서 행위와 말씀을 따로 분리한다는 것은 불가능하다. 그분은 굶주린 자에게 음식을 주었고, 더러운 발을 씻겼으며, 병자를 손수 고치셨고, 슬픔에 싸인 자를 위로하였고, 심지어 죽은 자를 살리기까지 하셨다."

선교통일은 한반도에 하나님 나라의 복음을 선포할 때 도래되는 하나님 나라 안에서, 한반도를 섬기는 사역을 통해 이루어지는 것이다. 한반도 전역에 굶주린 자와 병자, 슬픔에 싸인 자, 죽은 자를 살리는 복음적 사역을 통해 통일을 가로막는 모든 담이 무너지고 모든 문제가 해결되어지면서 이루어지는 통일이 선교통일이다.

3. 땅끝 선교의 길을 여는 사역

선교통일은 남북의 통일과 사회적 통합으로 끝나는 선교가 아니다. 선교통일은 통일된 한반도가 유라시아 대륙과 중국 대륙을 넘어 이스라엘 땅끝을 향해 나아가는 출발이 되는 통일이다. 선교는 모든 기독교인의 지상명령이며, 선교 현장은 성령이 역사하시는 장이다.(행 1:8, 사 49:6)

선교를 통해 성취되는 선교통일은 한반도만의 문제 해결로 끝나는 것이 아니다. 선교통일은 세계 땅끝까지 복음을 전하는 일에 가장 강력한 영향을 미칠 것이다. 그것은 마지막 때 사명을 완수하기 위한 전진기지로서의 사명을 다하며, 최고의 복음적 가치를 실현하게 될 것이다.

V. 선교통일의 절대가치 실현

선교통일의 절대적 가치 실현을 위해서 힘써야 할 일이 있다.

첫째, 선교통일을 위해 항상 힘써야 한다.(딤후 4:2) 둘째, 생명을 다해 남북한 한반도에 복음을 전파해야 한다.(롬 9:3) 셋째, 선교통일을 위해 전심을 다해 기도해야 한다.(행 6:4)

1. 선교통일을 위한 절대기도

첫째, 오로지 성령충만으로 전심을 다해 하는 기도다. 마틴 루터는 "나는 바쁘기 때문에 더 많이 기도한다. 하루에 두 시간 이상씩 기도하지 않는 날은 마귀에게 빼앗긴 날이다"라고 말했다.

둘째, 마음과 뜻을 합해 기도하여 응답받는 기도다. 스펄전은 "합심기도가 이룰 수 없는 일은 아무것도 없다"고 했다.

셋째, 갈급함과 갈망의 기도다. 이 엠 바운즈는 "뜨겁게 갈망하는 자에게 기도의 대로가 열린다"고 했고, 토미 테니는 "종종 하나님은 우리가 무언가를 성취하고 쟁취할 때보다 그저 그분께 갈급하고 갈망할 때 우리를 더 잘 만나주신다"고 했다.

넷째, 흔들림 없는 믿음의 기도다. 오직 믿음으로 구하고 조금도 의심하지 말아야 한다. 야고보 사도는 "의심하는 자는 마치 바람에 밀려 요동하는 바다 물결 같으니 이런 사람은 무엇이든지 주께 얻기를 생각하지 말라"고 했다.(약 1:6)

다섯째, 하나님의 뜻을 따르는 기도다. 우리가 하나님의 뜻대

로 무엇이든지 구하면 하나님은 우리 간구를 들어주신다.(요일 5:14)

여섯째, 성령 안에서 포기하지 않는 기도다. 우리는 쉬지 말고 기도해야 한다.(살전 5:17) 모든 기도와 간구를 하되 항상 성령 안에서 기도하고 이를 위하여 깨어 구하기를 항상 힘써야 한다.(엡 6:18)

일곱째, 역사하는 힘이 큰 기도다. 의인의 간구는 역사하는 힘이 크다.(약 5:16) 존 낙스는 "기도하지 않는 한 민족보다 기도하는 한 사람이 더 위대하다"고 했다. 오늘 우리는 선교통일을 위해 기도하는 한 사람이 되어야 한다.

2. 선교통일을 위해 니느웨로 가라

기독교인들을 박해하는 나라 1위를 차지하는 북한은 가장 강력한 복음 반대 국가 중 하나다. 북한 정권이 북한 내 기독교인들에게 자행한 일들을 떠올린다면, 그리고 북한체제가 6·25를 비롯해 그동안 도발한 모든 악행을 떠올린다면 니느웨 가기를 거부한 요나의 마음을 충분히 이해할 수 있다. 하지만 요나서를 통해 주님이 우리에게 주시는 교훈은 다시스가 아니라 반드시 니느웨로 가야 한다는 것이다. 한국교회는 선교를 위해 북한으로 가야 한다! 이를 통해 성취될 선교통일의 소망을 가져야 한다.

이 사명을 감당함에 있어서 요나처럼 마지못해서 하는 형식적인 자세나, 하나님의 뜻보다는 내가 원하는 바를 좇는 순수하지 못한 동기를 보여서는 안 된다.

리더십 전문가인 존 맥스웰은 기도가 방해받지 않기 위한 몇 가지 방법을 제시하고 있다. 기도를 억지로 하지 말고 자연스럽게 할 것, 피상적으로 기도하는 것이 아니라 구체적으로 기도할 것, 순수한 동기로 바르게 구하고 힘써 찾을 것, 마음을 다하여 기도할 것, 꾸준히 기도할 것 등이다.

선교통일을 위해 우리는 다시스가 아닌 니느웨로 가서 "때가 찼고 하나님의 나라가 가까웠으니 회개하고 복음을 믿으라"고 외쳐야 한다. 그것은 마지못해 억지로 하는 것이 아니라 자연스럽게 삶 속에서 우러나야 한다. 우리는 피상적인 통일이 아니라 구체적인 선교통일을 위해 헌신해야 한다. 마음을 다해 꾸준히 해야 한다.

선교통일의 사(四)통길

제 9 강

선교통일의 사(四)통길

파리에 거주하는 세계적인 피아니스트 백건우 씨가 2021년 한국을 방문해 청년 오케스트라와 협연을 했다. 그때 그가 한 말이다.

> "악보대로 연주하는 것은 어려운 것이 아니다. 그 악보에 그려진 작곡가의 소리를 깨닫는 것이 어려운 것이다. 아는 것이 어려운 것이 아니라 깨닫는 것이 어려운 것이다."

아는 것과 깨닫는 것의 차이는 크다. 문자대로 통일 한반도를 아는 것은 어려운 일이 아니다. 하지만 분단된 땅에 살면서 통일 한반도를 깨닫는 것은 어려운 일이다. 한반도 분단과 통일에 대해 역사 속에서 아는 것과 깨닫는 것은 다른 이야기다.

Ⅰ. 분단 한반도의 역사

한반도는 선사시대 때부터 통일 국가였다. 최초의 통일 한반도 국가는 고조선이다. 청동기 시대 때 9개 부족이 연합하여 통일 국가를 이루었다. 한반도에 살던 고조선은 군자의 나라로 불렸다. 하늘이 아끼는 사람들이라고 할 만큼 성숙하고 질 높은 삶을 살면서 홍익인간(弘益人間)과 이화세계(理化世界)의 가치를 실현한 나라다.

1. 분단 유민의식

수천 년 동안 통일 한반도로 살던 고조선은 가야, 고구려, 백제, 신라 등 4국으로 나뉘었다. 이 분단체제는 이후 600년 가까이 계속됐다. 675년 통일신라와 발해 남북국 시대를 거치고, 발해 멸망 이후에는 후삼국 시대를 거쳐 1190년 통일 고려시대를 맞이할 때까지 1200년 가까이 분단이 지속됐다.

918년 고려의 개국으로 영토는 통일되었지만 갈등은 여전했다. 1217년 서경(평양)의 무인 최광수는 스스로 고구려 부흥병마사라고 칭하며 고구려의 회복을 위해 반란을 일으켰다. 1236년 백제 도원수 이연년도 백제의 회복을 꿈꾸며 형제의 반란을 일으켰다. 고려는 온전한 통일을 이루지 못한 상태로 이어졌던 것이다.

그런데 삼국유사(1281년)에 보면 몽골 침략으로 고구려, 백제, 신라가 참혹하게 짓밟히게 되자 비로소 단군조선으로 통합되었던 진정한 통일 국가를 생각하게 되었다는 기록이 있다. 분단 유민의식이 사라지고 온전한 민족통일 의식이 싹튼 것이다. 그리고 그러한 의식은 실제 통일로 이어졌다.

2. 정체성 분단

고려시대와 1392년 개국된 조선시대를 거쳐 1945년 한반도가 남북으로 나뉘기 전까지 천 년 동안 한반도는 통일된 체제로 지내왔다. 하지만 분단과 동족상잔의 전쟁까지 치르고 난 지금, 남북은 서로를 주적이라 칭하며 강한 적대감을 갖는 원수 관계가 되었다. 서로 다른 이데올로기로 분열되어 통합하기 힘든 배타적 두 민족 정체성이 고착된 상태다.

북한은 '우리식 사회주의'(주체사상국가)라는 정체성을 만들기 위해 줄곧 북한 주민들의 사상을 세뇌하는 일에 집착해 왔고, 남한은 자유시장경제 속에서 물질만능주의에 익숙해지면서 세계 경제강국은 되었지만 남북 소통을 이루어낼 가치와 사상이 부재한 나라가 되었다. 일제 강점기 이후 남북 민족통합의 동기가 될 공통 대적으로서의 일제가 사라진 상황에서 조선시대처럼 분열된 정체성을 다시 묶을 동력도 없어진 것이다. 이런 상황에서 체제와 문화의 이질화를 부추긴 북한의 수령절대주의 주체문화는 북한 주민의 의식으로 내재화되었고, 남한의 민주화 정치와 한류문화는 북한에서 반동으로 여기는 가치가 되었다(2020년의 반동사상문화 배격법).

현재 남북의 분단의식은 거의 정체성 분단까지 이른 상태다. 통일이 되더라도 한 세기 이상 분단의식 속에 갈등할 수밖에 없는 상황에 처한 것이다.

3. 분단 극복의 길

선교통일은 분단의식을 깨뜨리고 온전한 통일로 갈 수 있는 최상의 길이다. 선교통일의 확실한 근거는 성경 에베소서 1장 9~10절의 언약 말씀에 있다. 통일의 목적은 때가 찬 하나님의 경륜(經綸)을 이루기 위한 것이다. 카이로스의 때가 찬(του πληρωματος των καιρων) 시간에 머리 되신 주님 안에서 이 땅의 모든 것들이 동일한 목적을 향하는 질서 있는 상태로 회복되는 것이 선교통일이다. 예수 안에서 이루어지는 통일은 다시 분열되는 불완전한 통일이 아니라 한 목적, 한 뜻으로 하나 되는 완전한 통일이다.

Ⅱ. 극복해야 할 분단

남북이 온전한 통일을 이루기 위해서는 마음과 이데올로기, 체제와 민족 등 4가지 문제를 극복해야 하는데, 하나같이 결코 쉽지 않은 문제들이다.

1. 마음 분단

선교통일은 북한 주민의 마음을 얻는 통일이다. 통일 독일을 보면 통일 전 서독은 동독인의 마음을 얻기 위해 최선을 다했다. 먼저 서독은 개인과 기업, 정당과 지방자치단체가 동독을 방문하고 접촉하는 것을 금지하지 않았다. 또 1989년 9월 11일 헝가리는 오스트리아와 헝가리 간 국경을 개방하고, 탈동독인을 동독으로 돌려보내지 않고 서독으로 가게 했다. 이때 서독은 9월 한 달 동안 들어온 탈동독 주민 2만 5,000명을 각 주로 보내 자연스럽게 서독 사회에 편입하도록 해주었다.

통일 이후에도 동서독 통합을 위해 독일의 수도를 동독의 수도였던 베를린으로 정하고, 동독 출신 지도자를 총리로 세웠다. 2005년 앙겔라 메르켈 총리, 2012년 요아힘 가우크 대통령은 모두 동독 출신이다. 하지만 통일 이후 30년이 지났어도 오씨(Ossi, 동독)와 베씨(Wessi, 서독)의 갈등은 여전히 남아 있다. 현재 동서독 사회통합 수준은 70% 정도라고 한다. 마음의 분단이 통일되기란 결코 쉽지 않다는 사실을 말해준다.

2. 이데올로기 분단

이데올로기 통일을 위해서는 남북 모두 수용할 수 있는 완벽한 이데올로기가 있어야 한다. 하지만 불완전한 인간이 만들어내는 이데올로기는 결함이 있을 수밖에 없다. 그래도 개인의 인격을 존중하는 남한의 이데올로기가 괜찮은 이념이지만, 이 또한 부정적인 측면에서 보면 개인 이기주의로 인한 인간성 파괴가 숨어 있는 이데올로기라고 할 수 있다. 북한의 사회주의 수령독재 이데올로기는 그 가치를 논할 수 없는 이데올로기이다. 북한은 주체 이데올로기를 내려놓아야 한다. 북한에 인본주의 철학의 한계를 뛰어넘을 이념을 제시해야 하는데, 남이나 북이나 서로 흡수되는 통일이 아니고는 갈라진 이데올로기를 하나로 묶을 대안은 없다.

3. 체제 분단

　남북의 통일 정책은 서로 합의점을 찾을 수 없게 되어 있다. 체제가 판이하고 의식과 접근 방법이 다르기 때문이다. 남한은 통일을 하나의 과정으로 보고 중장기적 시각으로 접근한다. 정책의 결정 과정은 민주적, 점진적, 단계적으로 진행되고, 통일 방식은 연합제이다. 남한과 북한을 각각의 국가로 인정하고, 상호 간의 대화와 협력을 통해 통일을 지향하되 민족공동체헌장에 기초해 남북정상회의와 실행기구인 남북각료회의, 남북평의회 등의 과도 기구를 설치하여 통일을 이루자는 것이다. 이때 통일은 대한민국이 주도해야 하고, 반드시 비핵화 통일을 이루어야 한다.

　반면에 북한의 정책은 연방제를 통한 통일 방안이다. 대한민국과 조선민주주의인민공화국 간 2체제 2정부를 인정하고, 상호 교류협력을 통해 공동의 이익을 증진하는 가운데 분단의 장벽을 극복하며, 장기적·최종적으로는 단일 국가 및 단일 정부를 구성하자는 것이다. 이때 통일은 수령과 당이 결정하고 인민 대중은 따르는 통일이고, 외세의 간섭 없는 민족 결단의 통일이다.

통일을 위해서는 체제를 통합해야 하는데, 한쪽이 흡수하는 길 외에는 양보도 타협도 불가능하다.

4. 민족 분단

남한의 대한민국 헌법에서는 조선민주주의인민공화국을 통일의 대상으로서의 타국이 아닌 이적단체로 규정했다. 그리고 한반도 전체의 영유권은 대한민국에 있음을 명시했다. 북한의 조선민주주의인민공화국 헌법은 한반도 전체의 영유권을 주장하지는 않지만 대한민국의 영토를 미국이 간접적으로 지배하고 있다고 보고 있으며, 대한민국을 통일의 대상이라고 규정하고 있다. 남북 모두 스스로 한반도 전체의 영유권을 차지하기 위한 당위성으로서 한반도의 소유권을 가졌다고 주장한다.

하지만 한반도의 소유권을 주장하는 단일민족 공동체의 통일은 이제 점점 힘을 잃어가고 있다. 북한은 남한이 다민족 국가가 되어가는 것을 마치 유대인이 사마리아인 대하듯 보고, 남한은 북한이 주체사상에 의한 수령절대주의 국가체제로 가는 것을 낯선 사이비 종교 국가 대하듯 보고 있다.

온전한 통일은 이런 분단을 극복하고 전심으로 함께 하나되고, 결합되는 것이다. 이런 통일은 메타 통일 외에는 있을 수 없다. 초월적 말씀 안에서 초월적 통일을 이루는 선교통일이 바로 그 길이다. 선교통일은 분열된 마음을 회복하는 통일이며, 이데올로기를 극복하는 통일이고, 체제갈등을 뛰어넘는 통일이며, 영토통일 이후 민족분열을 막는 통일이다.

Ⅲ. 사통통일의 길

사통(四通)통일은 사방이 막힌 한반도에 통인(通人), 통신(通信), 통상(通商), 통영(通靈)의 사방 길을 내고, 하나 되게 하는 통일 사역을 말한다.

1. 통인 통일의 길

통인(通人) 통일은 서로 만나서 하나 되는 통일이다. 서로 만나는 길을 여는 데 있어서 중요한 것은 만남의 질이다. 통일을 위한 만남은 무엇이며 어떻게 진행되어야 하는가?

첫째, 남북한의 상처를 치유하는 감동적인 만남이다. 반백 년 넘도록 헤어졌던 혈족이 재회하는 남북이산가족의 만남은 감동이 있는 만남이다. 그러므로 반드시 진행되어야 한다. 하지만 북한이 쉽게 동의를 하지 않는 데는 이유가 있다. 서로 만나게 했을 때 북한이 얻는 것보다 부작용이 더 크기 때문이다. 북한체제 안에 남한의 가족이 있는 경우 출신성분이 좋지 않게 되고, 성분이 나쁘면 생활환경이 좋지 않기 때문에 남한의 혈육들과의 만남은 더 꺼려질 수밖에 없다. 그럼에도 불구하고 남북이산가족의 만남은 모든 것을 초월한 감동이 있는 만남이다. 고통이나 어려움을 돕기 위한 만남도 감동이 있는 만남이다. 탈북자들이 중국에서 낳은 자녀를 돕는 만남, 인권의 사각지대에 있는 탈북자들을 돕는 만남 등은 감동이 있는 만남이다.

둘째, 북한 주민과 소통하는 통인이어야 한다. 사회통합을 위한 섬기는 사역 속에서 소통의 길을 모색할 수 있다. 남북한 주민 교류 또한 중요한 통인의 방법이다. 질병 치료를 위해 의료지원으로 만나는 만남들은 모두 감동적인 관계를 맺는 만남이다. 문화예술 활동을 위해 전문인 영역 선교사를 투입해 복지, 문화, 스포츠, IT 전문인 등과 만나게 하는 것도 소통을 위해 필요하다.

통인 통일 사역을 하고 있는 사람들은 북한체제 내 교회를 지원하는 WCC나 NCCK 소속 교단에 속한 사역자들과 NGO 단체, 탈북자 구출 사역을 하는 단체, 북한을 사랑하는 외국인(LK) 북한선교 사역자들, 외국 시민권을 취득한 한국인 북한사역자

(DK)들이다. 이들은 북한 내지 사역에 투입되어 북한에서 통인 통일을 이루는 삶을 살고 있다. 외국 국적을 가진 사람들은 관광으로 북한에 들어가 주민들과 접촉하고 있다. 남한에는 탈북민 3만 4,000여 명이 들어와 각지에서 통인 통일을 이루고 있다. 통인 통일의 과정에는 하나님의 사람들이 주도적으로 참여해야 한다. 이것은 남북이 서로 왕래하고, 탈북민과 매칭하며, 서로 교제하고 함께 사는 동안에 하나 됨을 이루는 통일의 길이다.

2. 통신 통일의 길

통신(通信) 통일의 길은 대북 선교방송을 통해 열리고 있다. 현재는 극동방송과 모퉁이돌선교회의 광야의 소리, 초교파 북한 선교방송인 TWR코리아 등이 대북 라디오 방송을 통해 길을 열고 있다. 통신 통일의 길은 북한의 MZ세대(1980년대 초~2000년대 초 출생한 밀레니얼 세대와 1990년대 중반~2000년대 초 출생한 Z세대)에게 영향을 주고 있다. 이들은 고난의 행군 기간에 10대로서 꽃제비의 경험을 하면서 자란 세대다. 고난의 행군 기간에 태어나 장마당 시장 경제를 경험한 세대이기도 하다. 모바일 등 최신 트렌드를 따르고, 남과 다른 이색적인 경험을 추구하며, 한류 드라마를 보고, 북한의 배급을 경험하지 않은 세대다.

서울대 통일평화연구소는 탈북민 67%가 탈북 전에 장마당을 통해 자본주의를 경험했기에 국가 충성도가 낮다는 보고서를 내놓았다. 장마당 세대는 한류의 영향을 받아 한국 드라마 등을 보면서 새로운 세계로의 탈출구를 찾는 세대다. 북한에서는 MZ세대가 혁명의 시련을 겪어보지 못한 세대라 유약하고, 개인주의에 기초한 자본주의 도덕과 서양 문화에 오염되고 있다고 본다. 또한 일신의 안일과 향락만 추구하는 도덕적 폐인, 정신적 불구자가 될 수 있는 자들로, 정치·사상적으로 준비되지 못하면 자기 하나만을 생각하는 이기주의자, 남의 덕에 살아가는 기생충, 의무 앞에 권리를 놓는 건달꾼밖에 될 수 없으며, 사회주의 위업에 반기를 드는 혁명의 원수로 전락될 수 있다고 보고 있다.

3. 통상 통일의 길

통상(通商) 통일은 통상을 통해 이루는 통일이다. 통상 통일 사역자는 인도적 지원 차원에서 대북 무역이나 지원 사역을 한다. 이때 통상이 시작되면 북한 관료의 무례한 태도에 당혹감을 느낄 수 있다. 선교적 측면에서 통상 통일 사역을 하는 이들은 수익보다는 지원과 원조의 개념으로 접근하는데, 북한 주민은 지원받는 것을 은혜가 아니라 마땅히 받을 권리로 인식한다. 또

구제에 대해서는 분배의 투명성이 보장되어야 하는데, 북한 주민은 구호물자가 배급될 때, 서방이나 남한의 구호 요원들이 통제하는 것에 분개한다. 북한 내부의 각 부서 간 실적 내기 경쟁도 문제다. 북한의 부서 간의 복잡한 대립 관계 속에서 서로 구호물자를 받으려고 혈안이 되어 경쟁을 하기에 적절히 구제하는 것도 쉬운 일이 아니다.

북한 내에 배급망이 형성된 시민사회 조직이 없고, 배급에 국가 조직이 관여하기에 착취가 많다. 현지 문화에 정통하고 최적의 배급망을 가진 지역 시민단체가 없어 마땅히 협력할 대상을 찾기가 어렵다. 탈북민들은 브로커들을 통해 북한에 있는 가족들에게 경제적 지원을 한다. 반면, 장마당 경제를 통해 경제적으로 살 만하게 된 북한의 가족들 가운데는 남한에 들어와 있는 가족에게 경제적 지원을 하는 경우도 있다.

통상 통일 사역은 경제적 통상 거래만 하는 사역이 아니다. 인도적 지원의 길도 모색하는 사역이다. 기독교 단체로 인도적 지원에 참여하는 곳은 NGO 단체 굿네이버스, 국제기아대책기구, 국제사랑재단 등과, 북한체제 내 교회를 지원하는 굿타이딩스(사단법인 기쁜소식), 선양하나 등이다. 이들은 통상 통일의 길을 여는 사역자들이다.

4. 통영 통일의 길

통영(通靈) 통일은 영적인 교통을 통해 통일의 길을 여는 통일이다. 통영 통일을 위해 공중권세 잡은 어둠의 영과 맞서는 사역자는 남한의 북한선교 사역자들과 선교통일 사역자들, 그리고 북한의 지하교회 교인들이다. 북한 지하교회를 지원하는 단체로는 모퉁이돌선교회와 오픈도어선교회, 피스랜드 등이 있는데 이들은 북한의 지하교회 인프라 구축과 지원 사역을 하고 있다. 한국 순교자의 소리(Voice of the Martyrs Korea)는 영적 전투를 벌이면서 성경과 쌀 보내기를 진행하고 있다.

영적 싸움을 하며 통일기도회를 진행하고 있는 단체로는 에스더기도운동본부, 쥬빌리통일구국기도회, 레브에하드 등이 있다. 북한선교는 영적 전투를 통해서, 선교통일은 성령의 역사를 통해서 진행된다. 통일을 위한 중보기도와 통일기도 운동이 남한과 전세계 중보기도 사역자들과 개더링 등의 영적 모임에서 일어나고 있다.

Ⅳ. 극복해야 할 분열의 영

사통 통일을 이루는 데 있어 가장 큰 걸림돌은 분열의 영이다. 북한선교에서 화합과 화목, 소통과 나눔이 안 되는 이유는 분열의 영이 작동하기 때문이다

1. 기독교의 박해와 변질

일제는 한반도를 점령하는 과정에서 문제가 되는 대상이 기독교임을 인식하고 한반도에 분열의 영이 작동되도록 박해와 탄압을 가했다. 일제는 1911년 일본 총독을 암살하려 했다는 거짓 명분을 만들어 대다수가 기독교인인 105인을 체포해 모진 고문을 가했다. 또한 수많은 기독교 학교를 폐교시키고 공립학교를 세웠다. 1910년엔 공립학교보다 기독교 학교가 더 많았지만 1918년에는 공립학교가 기독교 학교의 3배가 되었다.

1919년 3·1만세운동 이후 정치적 탄압은 더 심해졌다. 일본 순사는 길거리에서 만나는 사람에게 "당신은 기독교인인가?"라는 질문을 하고 "그렇다"라는 대답이 오면 곧바로 폭력을 행사했다. 빠르게 성장하던 기독교 교세는 1925~1929년 사이에 급격히 약화되었다. 당시 기독교인 10명 중 8명이 농사를 짓고 살

앉는데, 농지를 빼앗기고 9년간 3배 이상 증액된 세금을 내느라 심각한 불황 속에 빠지고 말았다. 신자들의 궁핍이 심해지자 헌신을 독려하기가 어려워졌고 교회는 자립할 수 없는 상황이 되어 갔다. 1930년대 초가 되자 일제는 신사참배를 강요했고, 결국 1938년 장로회 총회에서 신사참배가 결의되고 말았다.

일제는 또한 1940년대에 유행하던 재림신앙이 일본의 종말을 상징한다며 혹독히 탄압했다. 당시 신앙 때문에 투옥된 사람이 약 3,000명가량 되었고, 그중 50명 이상이 순교했다. 상당수의 신자들은 눈에 보이는 교회를 포기하고 산간지역으로 탈출했다. 일제는 또 일본기독교 조선교단을 조직, 신도 정화의식의 일환으로 한강에서 기독교 목사까지 참석시켜 의식을 치르게 만들었다. 일제 말기에는 구속된 기독교인들을 사형시키기로 결정하고 1945년 8월 18일을 집행일로 잡아 놓았지만 8월 15일 무조건 항복으로 계획이 무산되었다.

2. 일제시대에 형성된 분열의 영

일제의 기독교 박해로 배교자는 기독교를 버렸고, 변절자는 일본기독교 조선교단에 소속돼 교회 안에서 신사참배를 실시함으로써 교회에 우상을 끌어들였다. 도망자는 지하교회로 숨어 고통 속에 살아야 했고, 저항자는 옥살이를 하거나 순교를 당해야 했다.

한국교회는 해방 이후에도 일제 치하에서 자행된 우상숭배에 대해 온전히 회개하지 않았다. 신사참배를 감행한 목회자를 단에 세우는가 하면, 핍박을 받으면서도 신앙을 지킨 사역자들에게 교회를 이양하지 않았다. 이후 기독교는 분열되기 시작했다. 1951년 장로교 고려파의 분열, 1953년 기독교장로회의 분리, 1959년 장로교 내에서 통합과 합동의 분열을 비롯해 감리교, 성결교, 침례교 등 모든 교단에서 분열이 일어났다

분단된 상황에서 북한에는 북한체제를 지지하는 기독교 연맹이 조직되었고, 남한에는 박태선의 천부교, 문선명의 통일교와 같은 이단들이 발흥했다.

지금도 여전히 한국교회는 분열의 영에 의해 힘을 잃고 있다. 분열의 영을 극복하는 길은 우리 모두가 통일 영성을 갖는 것이다. 통일 영성은 그리스도 안에서 하나 되는 영성이고, 하나님 나라 가치 안에서 통합을 이루는 영성이다. 남북분단이란 음습한 뿌리에 숨어 있는 분열의 영을 예수의 이름으로 몰아내고 주께서 여시는 사통 통일의 길을 걸어갈 때, 통일의 문은 활짝 열리게 될 것이다.

선교통일의 사역자 디자인

10

제 10 강

선교통일의 사역자 디자인

하나님은 선교통일의 역사를 이루시기 위해 다양한 사역자들을 세우고 연합시켜 선을 이루신다. 선교통일을 위해 반드시 있어야 하는 사역자는 선교통일 비전사역자와 선교통일 실행사역자, 선교통일 부흥사역자, 선교통일 코칭사역자, 선교통일 멘토링사역자다. 이들이 서로 상승효과를 일으킬 수 있어야 한다. 하나님이 주신 은사를 따라 각 사역의 고유성을 이해하고 인정하며 함께할 때, 선교통일은 한반도에서 반드시 성취될 것이다.

Ⅰ. 선교통일 사역자

선교통일 사역자는 영적 리더이다. 하나님을 부인하는 자(시 14:1)나 성령을 거스르며(행 7:51), 성령을 근심하게 하거나(엡

4:30), 성령을 소멸하는(살전 5:19) 인본주의자는 선교통일 사역자가 될 수 없다.

1. 영적 사역자

여호수아가 죽은 이후의 세대는 각기 제 소견대로 살아갔다. 사람들은 여호와를 알지 못하고, 여호와께서 행하신 일도 알지 못했다. 여호와의 뜻을 전하는 자도 없었다. 이들은 대적들을 당해내지 못하고 괴로움 속에서 살았다.(삿 2:8~15) 지금은 하나님이 없다고 부인하는 분열과 분단 상황이다. 하나님을 알되 하나님을 영화롭게도 하지 않고, 감사하지도 않고, 그 생각이 허망해지고, 미련한 마음이 어두워진 상황(롬 1:21) 속에서는 하나님이 하시고자 하는 일도, 하나님의 역사도 볼 수 없다.

현재 남한의 교육자들과 언론은 근현대 역사에서 기독교의 역할을 축소하거나 무시하려 드는 경향이 있다. 북한은 평양외국인학교 부지에 평양 경루동 고급 주택을 건축하면서(2022년) 북한 땅에 남아 있는 기독교의 흔적을 지워버리고 있다. 남한은 물질만능주의와 물신숭배에 사로잡혀 있고, 북한은 수령우상의 그늘 아래 압제당하며 살고 있다. 하지만 통일 시대를 준비하시는 하나님은 이 어둠의 역사를 끊고 빛의 역사를 위해 선교통일

지도자를 디자인하고 계신다.

2. 선교통일 사역자의 정의

한반도 복음화를 통한 한반도 통일을 위해 사역하는 모든 사역자들을 선교통일 사역자라고 한다. 선교통일 사역자의 제1 과제는 남한과 북한에 복음을 전파하여 복음의 일꾼을 세우고, 세워진 일꾼들을 통해 한반도에 하나님 나라의 가치가 실현되게 하는 것이다.

3. 선교통일 사역자 분류

선교통일 비전사역자란 선교통일을 위해 성령으로 말미암아 선교통일 비전을 받은 사역자다. 선교통일 실행사역자란 받은 비전을 실천할 수 있는 지속적인 실행능력을 가진 자다. 선교통일 부흥사역자란 기독교인들에게 선교통일에 대한 관심을 환기시키는 사역자로, 소통과 선교통일 역량 강화를 통해 선교통일 비전에 열정을 갖고 몰입하게 하는 사역자다. 선교통일 코칭사역자는 선교통일에 대한 비전이 성도들의 마음속에 자리잡게 포지셔닝(positioning)을 해 주는 사역자다. 그들에게 선교통일에 대해 긍정적 자존감을 심어줘 어떤 어려움이 올지라도 선교통일 사역을 지속할 수 있게 한다. 선교통일 멘토링사역자란 사람들에게 선교통일에 대한 지속적인 기대와 관심을 갖게 만들어 최종적으로 풍성한 열매를 거둘 수 있다는 기대효과를 일으키는 사역자다.

Ⅱ. 선교통일 사역자의 역할

1. 선교통일 비전사역자

성경의 인물 가운데 선교를 통해 그리스도 안에서 하나 되는 통일 비전을 제시한 사역자는 사도 바울이다. 선교에 대한 사도 바울의 영적 비전은 땅끝까지 복음을 전파하라는 주의 명령에 순종하고 이를 성취하기 위해 달려가는 과정 가운데 주어진 것이었다. 사도 바울은 성령의 인도로 미래를 읽고 전망을 제시하는 자였다. 그는 통찰력이 있으며, 확실한 비전을 가진 자였다. 유대인과 이방인, 전세계 땅끝까지 복음을 전하는 일에 자신의 모든 삶을 헌신한 자였다.

선교통일을 위해서는 사도 바울처럼 받은 복음에 대한 분명한 확신이 있어야 한다. 이 복음이 땅끝까지 전파되도록 헌신할 결단이 있어야 한다. 또한 동족의 구원을 위해서라면 자신이 생명책에서 지워지는 것도 감수하겠다고 고백할 만큼 동족을 사랑하는 열정이 있는 자여야 한다. 무엇보다도 기도하는 자여야 한다. 비전은 선교적 사명을 위해 기도하는 자에게 주어지는 것이기 때문이다.

2. 선교통일 실행사역자

선교통일 실행사역자의 뿌리는 윌리엄 캐리 선교사다. 캐리는 하나님의 말씀에 순종하고 그 말씀대로 실천함으로 근대 기독교 선교의 역사를 연 사람이다. 그는 세계지도 앞에 성경을 펼쳐 놓고 "너희는 온 세상으로 가라"는 명령대로 세계선교에 임한 개신교 선교 실행사역자였다. 당시 세계 인구는 7억 3,100만 명이었고, 기독교 인구는 1억 7,400만 명(가톨릭 1억 명, 개신교 4,400만 명, 정교회 3,000만 명)이었다. 그는 복음을 온 세계에 전하기 위한 선교를 외치며 사역을 실행했다.

캐리는 선교 비전을 실천하기 위해 1792년 봄 '이교도 개종에 대한 크리스천의 의무에 관한 연구'라는 책을 출간했다. 그해 10월 2일 그는 열두 명의 목사들과 세계선교를 위해 실제적인 계획을 짜기 시작했다. 그리고 1793년에 개신교 역사상 최초라 할 수 있는 해외선교회를 런던에 설립하고 가장 먼저 인도 선교사로 자원해 떠났다. 그리고 '개신교 근대 선교의 아버지'가 되었다. 캐리는 "하나님으로부터 위대한 것을 기대하고 하나님을 위해 위대한 일을 시작하라"(Expect great things from God, attempt great things for God)는 강력한 내용의 설교를 통해 목회자와 성도들에게 선교의 비전실행을 강력하게 촉구했다.

이후 개신교 선교가 활발하게 일어났다. 캐리가 세운 런던선교회는 1866년 최초의 북한선교 순교자가 된 로버트 저메인 토마스 선교사를 파송했다. 1873년 영국의 존 로스와 매킨타이어가 조선의 고려문까지 와서 선교했다. 당시 의주 청년 백홍준, 이응찬, 김진기, 이성하, 서상륜이 복음을 들었다. 1876년 백홍준이 개신교 최초의 한국인 세례자가 되면서 한반도 선교가 본격적으로 시작되었다.

캐리의 개신교 세계선교가 실행된 지 160년이 지난 1952년 세계선교 상황은 다음과 같다. 당시 전 세계 인구 23억 7,740만 명 가운데 개신교인은 7억 명이었다. 0.6%의 개신교가 29%로 크게 부흥한 것이다. 이 시기의 개신교는 세계선교의 사명을 가진 교회였다('햇빛을 받는 곳마다', 사무엘 마펫, 1953년).

선교통일이 이루어지려면 선교실행 사역자 윌리엄 캐리가 아무도 세계선교를 생각하지 못할 때 세계선교에 도전한 것처럼, 아무도 한반도 통일에 나서지 못할 때 한반도 통일 문제를 선교로 풀어내겠다고 나서는 실행사역자가 나와야 한다.

3. 선교통일 부흥사역자

현재 세계 인구 78억 5,978명 가운데 기독교인은 21억 7천만 명으로 31%를 차지하고 있다. 땅끝까지 복음을 전하는 세계선교의 역사가 이루어지려면 셰계선교를 위해 동기부여를 일으킬 뿐 아니라 세계선교에 헌신된 부흥사역자가 나와야 한다.

20세기 세계선교와 한국선교에 기여한 부흥사역자 가운데 가장 큰 영향을 끼친 사람은 빌리 그레이엄 목사다. 그레이엄은 평양외국인학교를 졸업한 중국 의료선교사 넬슨 벨의 딸 루스를 만나 1943년 결혼했다. 1949년 에드윈 오와 함께 집회를 인도하던 중, 산에서 혼자 기도하다 성령 충만을 경험하고 전도자가 되었다. 그는 34세였던 1952년 한국전쟁 당시 처음으로 한국을 방문했다. 당시 750명의 한국 거주 외국인 선교사들과 수천 명의 군인과 군목, 이승만 대통령을 비롯한 수많은 한국인들이 그의 메시지를 들었다. 그레이엄은 1952년 '한국선교 보고서'에서 이렇게 한국 상황을 기록하고 있다.

"사도행전에 나타난 성령의 역사가 한국에서 재연되고 있다. 당신들이 선교한 한국 장로교 안에서 현재 일어나고 있다. 만일 오늘 사도행전에 기록된 오순절 성령의 역사를 믿을 수 없다면 지금 한국에 가보라. 많은 피난민들이 부산 바닷가 산언덕에 천막을 치고 난로도 피우지 않은 곳에서 새벽 4시에 열심히 기도하는 것을 볼 수 있으며, 거리에서 전도하는 것을 볼 수 있다. 수백 명의 목사, 전도사가 공산당에 의해 죽임을 당하고 끌려가서 생사를 모르게 되었다. 그런 가운데서도 신학교마다 수백 명이 모여서 순교자의 뒤를 따르기로 결심하고 열심히 공부하고 있는 것을 이 눈으로 똑똑히 보았다."

1973년 빌리 그레이엄 목사의 여의도 집회에는 100만 명이 넘는 성도들이 모여 대부흥을 경험했다. 이때 부흥의 영향을 가장 크게 받았던 사람은 여의도순복음교회 조용기 목사였다. 조 목사와 여의도순복음교회의 부흥은 기도사역의 결과였다. 1958년 대조동 천막교회 시절, 하루 5시간 이상 병자를 고쳐 달라고 간구하던 중 7년간 중풍으로 고생한 무성이 엄마의 치료 이후 부흥이 일어났다. 그때 조 목사는 오로지 기도에만 전념했다고 한다.

"나는 매일 10시간 가까이 목이 터져라 하나님께 기도를 했습니다. 새벽 4시 30분이면 일어나 아침 7시까지 부르짖었습니다. 그리고 아침밥을 먹은 후 12시까지 기도를 계속했습니다. 그리고 잠시 쉬었다가 또 저녁까지 기도만 했습니다."

윤석전 목사는 조용기 목사를 롤모델로 해서 기도에 전념, 연세중앙교회를 대형교회로 성장시켰다. 윤 목사는 침신대 집회에서 신학생들에게 "나를 이기고 사역에 긍정적인 영향을 끼치기 위해서는 적어도 하루에 5시간은 기도해야 한다"고 도전했다.

한국갤럽에 의하면 1984~2021년 사이 개신교인 인구 비율은 21%에서 17%로 줄었다. 한반도 복음화는 여전히 절실한 과제다. 사무엘 마펫(한국명 마삼락) 목사는 '햇빛을 받는 곳마다'에서 1950년대 아프리카 교회의 한 성도의 이야기를 소개했다.

"백인들이 아프리카에 왔을 때 그들은 성경을 가지고 있었고 우리에게는 땅이 있었습니다. 이제는 우리에게 성경이 있고 그들은 땅을 차지하고 있습니다."

한국교회에 부흥이 일어났을 때, 교회에는 레마의 말씀과 열정적 기도가 있었지만 건물과 재산은 없었다. 하지만 지금 한국교회에는 건물과 재산은 있지만 성령의 임재 가운데 나타나는 레마의 말씀과 열정적 기도는 많이 미약해졌다. 영적 각성과 부흥이 필요한 때다. 한반도 복음화 통일이 가능해지려면 새로운 부흥운동이 일어나야 한다. 탁월한 선교통일 부흥사가 세워져야 한다.

4. 선교통일 코칭사역자

선교통일 코칭사역자는 선교통일이 교회 사역 속에 긍정적으로 장착되고, 선교통일에 대한 확신을 갖도록 성도들을 포지셔닝(positioning)하는 자다. '포지셔닝'이란 경제 용어로 이미지를 고객의 마음에 자리 잡게 하는 것을 말한다. 선교를 통해 통일 이미지가 마음에 자리 잡도록 하는 것이 선교통일 코칭사역자의 주요 사역이다. 전략적 선교통일 사역에는 반드시 이런 코칭사역자가 있어야 한다.

학부형 100명을 강단에 모아놓고 10분씩 자기 자식 자랑을 하라고 하면 어떻게 될까? 아마 모든 부모가 자기 아이의 여러 가지 강점과 장점을 장황하게 말할 것이다. 이때 한 부모가 "우리 애는 눈이 예쁘다"는 말로 시작해 10분 내내 눈 이야기 한 가지만 했다면 그 아이는 그날로 학교에서 유명한 학생이 된다. 모든 사람들의 마음 속에 그 이야기가 각인되는 것이다. 이처럼 선택과 집중은 어떤 것을 특별하게 해준다. 이것이 포지셔닝 전략이다. 이미 성도의 마음속에 있는 복음과 선교, 성경적 통일에 대한 내용이 그들의 마음에 더욱 착근되게 엮어주고, 그 마음을 일관성 있게 지속되도록 돕는 사람이 선교통일 코칭사역자. 선교통일 사역이 활성화되려면 선교통일론이 실제적 통일 담론으로 수용되도록 포지셔닝 해줄 수 있는 선교통일 코칭사역자가 세워져야 한다.

5. 선교통일 멘토링사역자

선교통일 멘토링사역자는 선교통일 사역의 긍정적 가치를 살려내는 사람이다. 선교통일의 피그말리온 효과를 일으키는 사역자가 있어야 한다. 피그말리온 효과란 기대효과를 일컫는 용어다. 미국 샌프란시스코의 한 초등학교에서 전교생을 대상으로 지능검사를 한 후, 검사 결과와 상관없이 무작위로 한 반에서 20% 정도의 학생을 선발했다. 그리고는 교사에게 그 20%의 학생들이 스스로 '나는 지적 능력이나 학업 성취의 향상 가능성이 높은 학생'이라고 믿게 하라는 지시를 내렸다. 8개월 후 지능검사를 했더니 명단에 속한 학생들은 다른 학생들보다 평균점수가 높게 나왔다. 이것을 피그말리온 효과라고 한다. 선교통일 멘토링사역자는 선교통일 사역에 참여한 이들이 정체성 혼란에 빠지거나 스트레스로 탈진되어 사역의 동기와 열정이 사라질 때, 그들의 긍정적 자존감을 회복시켜 통일선교 사역을 지속하게 하는 사람이다.

선교통일은 다양한 선교통일 사역자들이 다양한 역할을 감당하는 과정에서 이루어진다. 이 모든 사역을 한 사람이 다 감당할 수는 없다. 한 사람이 몇 가지를 중복해서 역할을 감당할 수는 있겠지만 모든 사역에는 고유의 특성화된 역할이 있다. 선교통일 사역이 진행되는 동안 하나님께서 각 사역에 필요한 전문 일꾼을 세우시고 역사하실 것이다.

Ⅲ. 선교통일 사역의 디자인

선교통일은 다섯 분야의 선교통일 사역자가 균형있게 역할을 감당할 때 이루어질 수 있는 사역이다. 모든 사역마다 그 사역을 감당하기 위한 고유의 사역자들이 지속적으로 세워져야 한다. 이 일을 위해 하나님은 세대마다 사역자를 세우시고, 각기 해야 할 역할을 주신다. 삼위일체 하나님은 선교통일을 위해 선교통일 사역을 디자인하고 성취하신다.

1. 선교통일 사역자 모형(matrix)

사역자들의 사역이 정착되어 결과가 도출되려면 사역자의 층이 3세대까지 이어져야 한다. 1세대를 진(眞) 사역자, 2세대를 선(善) 사역자, 3세대를 미(美) 사역자로 구분하여 '진선미 세대'라 부른다. 진선미 세대마다 지적인 사역을 하는 학자를 지(知) 사역자, 정적인 사역을 하는 사역자를 정(情) 사역자, 실천행동 사역자를 의(意) 사역자로 칭할 때, 선교통일 사역자 매트릭스에 의해 진선미, 지정의 사역자로부터 모두 아홉 가지 유형이 나온다. 이들을 통해 선교통일 담론이 형성되고, 선교통일 동기부여의 도전을 받고, 선교통일 실천행동을 도출시켜 나가는 것을 선교통일 사역자 디자인 과정이라고 부를 수 있다. 지정의와 진선미의 삼겹줄 리더십이 형성되어 균형 잡힌 사역을 진행할 때 선교통일 사역은 성취될 수 있다.

	진(眞)	선(善)	미(美)	
지(知)	진지(眞知)	선지(善知)	미지(美知)	선교통일 담론형성
정(情)	진정(眞情)	선정(善情)	미정(美情)	선교통일 동기부여
의(意)	진의(眞意)	선의(善意)	미의(美意)	선교통일 실천행동

2. 사역자의 과제

선교통일 진(眞) 사역자의 선교통일담론 형성의 과제는 교회의 선교통일론에 대한 이해, 선교통일론의 개념 정립과 체계화, 선교통일론의 가치평가이다. 진지(眞知) 사역자는 '한반도 복음화의 실현으로서의 선교통일론'을, 진정(眞情) 사역자는 '선교통일론이 가슴에 체화되도록 돕는 사역'을, 진의(情意) 사역자는 '선교통일 사역 개척'을 펼친다.

선교통일 선(善) 사역자 가운데 선지(善知) 사역자는 '민족 회복의 길, 영적 부흥의 대로(大路), 창의성, 선교통일전략에 대한 블루오션'을 제시해야 한다. 선정(善情) 사역자는 '지적 정의를 가슴으로 수용하도록 동기부여, 선교통일 동력의 공급, 선교통일 부흥사역'을 이끌어야 한다. 선의(善意) 사역자는 '동기 부여를 구체적으로 실천하는 사역'을 하는 자로 선교통일 동기부여 프로그램을 실시하며, 선교통일 사역 확산에 기여해야 한다.

선교통일 미(美) 사역자 세대는 창의적 생각과 틀로 새로운 통일한국의 지도를 그려내는 세대다. 이들은 진 세대와 선 세대 사역자들의 영향을 받고 양육된 세대로 선교통일론의 당위성을 수용하고 통일을 즐기는 세대다(知之者不如好之者, 好之者不如樂之者). 미지(美知) 사역자는 선교통일한국 브랜드를 기획하고,

통일 한반도 브랜딩 전략서를 제작하며, 북한 리모델링 컨설턴트가 되어 선교통일에 대한 창의적 제안을 할 수 있는 자다. 미정(美情) 사역자는 미의 지적사역을 수용케 하는 동기부여, 선교통일을 위한 남북인 만남을 동기부여하는 사역자로 선교통일을 위한 남북문화를 향유하는 자다. 미의(美意) 사역자는 미의 지적사역의 실천자로 남북한 문화공유 사역 진행, 선교통일 누리기, 선교통일 남북 매칭 등을 실시하는 자다.

3. 선교통일과 성령의 역사

하나님이 디자인하시는 선교통일은 선교통일 진 사역자가 성령의 임재 안에서 진리를 전하고, 선교통일 선 사역자가 성령 충만함으로 진리를 증거하고, 선교통일 미 사역자가 성령 안에서 진리를 누리게 할 때 성취될 것이다.

선교통일의 역사는 기도 응답의 역사다. 기도는 부흥을 일으키고, 부흥은 통일의 동력이 된다. 1907년 평양대부흥은 단지 기독교의 부흥만이 아니라 민족의 위기 극복에 강력한 힘이 된 사건이었다. 1906년 8월 26일~9월 2일 하디의 평양 선교사 사경회와 9월 하워드 애그뉴 존스턴의 서울 사경회에서 선교사들은 하나님의 강력한 임재를 경험했다.

벧엘의 경험을 한 평양 선교사들은 평양 안에 있는 모든 교회에 교파와 세대를 초월한 성령의 부으심이 있도록 매일 1시간씩 기도하기로 약속하고 기도를 시작했다. 기도 기간인 1907년 1월 2~15일 장대현교회에서 열린 평안남도 도사경회 저녁집회 때, 설교가 끝난 후 그레이엄 리 선교사가 별안간 "다같이 통성으로 기도하자"고 제안했다. 기도가 시작되자 통곡의 함성이 하늘을 향해 울려퍼지기 시작했다. 1,500명 중 900명이 돌아간 후 남은 600명은 새벽 2시까지 자신의 죄를 통회자복하며 기도했다. 그러자 성령의 강력한 임재가 일어나 평양 전역은 물론 전국의 주요 도시와 한반도 전역으로 기도의 열기가 확산되었다.

2월에는 평양 남산현교회에서도 회개와 강력한 성령의 역사가 일어났다. 성령은 평양에서 모인 부인 사경회와 평양 숭실대 개강수련회 때도 임했다. 당시의 기록에 따르면 하나님의 영이 너무도 강력하게 학생들을 감동시켜서 학교 수업을 진행할 수가 없을 정도였다. 또 중간고사 기간에 학생들이 모여 기도할 때, 성령의 임재가 강력히 나타나 거의 모든 학생이 성령의 권능을 체험했다. 전체 학생의 10분의 9가 성령으로 거듭났다고 한다. 그 결과 1904년 9,000명이던 교세는 1907년 12만 명으로 급격히 늘어났다. 이는 전적인 하나님의 역사로, 성장한 교회를 통해 나라 잃은 땅의 백성들은 박해를 이겨낼 수 있었고 독립을 위해 일할 믿음의 일꾼이 세워졌다.

당시 한반도 정세를 보면, 1904년 러일전쟁에서 승리한 일본은 내각회의에서 조선을 보호국화하려는 기본 방침을 확정했다. 1905년 가쓰라-태프트 밀약을 통해 미국으로부터 조선을 빼앗을 환경을 조성했고, 마침내 을사늑약으로 나라를 빼앗았다. 일제는 강대국들과의 조약을 통해 조선을 침탈할 모든 준비를 갖췄던 것이다. 이런 위기의 상황에서 1907년 귀국해 애국계몽운동을 위한 비밀결사단체인 신민회를 조직한 도산 안창호는 기독교 정신에 입각한 민족 실력양성론을 주장했다. 다음은 그가 외친 말들이다.

"우리 가운데 인물이 없는 것은, 인물이 되려고 마음먹고 힘쓰는 사람이 없는 까닭이오. 인물이 없다고 한탄하는 그 사람 자신이 왜 인물 될 공부를 아니 하는 것이오?"

"낙망은 청년의 죽음이요, 청년이 죽으면 민족이 죽는다."

"우리가 나라를 잃은 것은 이완용 일개인 탓도 아니오. 일본 탓도 아니라 우리가 힘이 없어서였다. 그러하니 나라의 독립은 국민 개개인이 힘을 가질 때 비로소 얻을 수 있는 것이므로 점진적으로 힘을 키워나가는 방향으로 투쟁을 해야 할 것이다."

분단된 한반도는 지금 남북 대결의 위기 속에 통일의 길을 찾지 못하고 어둠 속에 처해 있다. 그렇지만 하나님은 이 땅에 또다시 대부흥의 불씨를 지피고 계신다. 대부흥의 역사를 일으키시고, 선교통일의 지도자들을 세우셔서 마침내 통일의 역사를 만들어 가실 것이다.

지금은 선교통일을 준비할 수 있는 선교통일 목회의 최적기이다. 이미 온 통일의 때(카이로스)에 아직 오지 않은 통일의 때(크로노스)를 준비해야 한다. 그래서 목회자들은 이미 온 한반도 통일을 바라보며 아직 오지 않은 통일의 때를 미리 준비하는 목회를 펼쳐야 한다. 선교통일 목회는 하나님 나라의 가치를 통일 한반도의 기본 가치로 삼는 블루오션 통일 실현 목회다.

선교통일 목회의 본

제 11 강

선교통일 목회의 본

영국 출신으로 '더 타임즈' '가디언' 등에서 한국과 북한 담당 기자로 활약한 마이클 브린은 1999년에 쓴 그의 책 '한국인을 말한다'(The Koreans)에서 세계인들이 보는 한국인을 10가지로 설명했다.

'평균 IQ 105를 넘는 유일한 나라, 문맹률 1% 미만인 유일한 나라, 미국과 전쟁했을 때 3일 이상 버틸 수 있는 8개국 중의 한 나라, 세계 2위 경제대국 일본을 발톱 사이의 때만큼도 안 여기는 나라, 세계 4대 강국을 우습게 아는 배짱 있는 나라, 인터넷·TV·초고속 통신망이 세계 최고인 나라, 유대인을 게으름뱅이로 보이게 하는 유일한 민족, 세계 각국 유수 대학의 우등생 자리를 휩쓸고 있는 나라, 세계에서 가장 기가 센 민족, 마지막으로 세계 유일의 분단국가이면서 아직도 휴전 중인 나라.'

이 내용을 기독교적으로 다시 표현하면 다음과 같다.

'한국은 말씀에 대한 이해력과 적응력이 뛰어난 나라이고, 누구나 성경을 읽을 수 있는 언어와 문해력을 가진 나라이며, 5대양 6대주에 선교할 수 있는 열정을 가진 나라이고, 인터넷과 가상공간을 선교의 도구로 활용할 수 있는 다음 세대가 준비된 나라다. 또한 가장 매력적인 지적 능력과 영적 능력을 갖춘 우수한 선교사를 세울 수 있는 나라이고, 가장 강한 핍박을 이겨내고 연단된 영성을 가진 나라이다. 한반도 복음화로 분단을 극복하고 선교통일을 이룰 나라이고, 선교통일을 위해 한반도 통일에 영향을 미칠 수 있는 4대 강국인 미국, 일본, 중국, 러시아의 복음화를 위해 헌신할 나라이다. 기도하는 일과 말씀 전하는 일에 가장 부지런한 나라이고, 성령의 역사로 기적이 상식이 되는 나라이다.'

우리는 지금 이런 나라에서 하나님 나라를 확장하기 위해 교회를 세우고 목회와 믿음 생활을 하고 있다. 위와 같은 자질을 갖춘 한국인들에게 가장 적합한 목회는 선교통일 목회다. 한반도의 가장 힘들고 어려운 문제인 통일을 선교로 풀어나가는 목회를 해야 한다. 한국인들은 이런 일을 충분히 감당하고도 남는 영적 그릇을 갖고 있다는 사실을 기억하자.

Ⅰ. 선교통일 목회의 개념

1. 선교통일 목회의 본질

초대교회 공동체에 문제가 발생했을 때, 사도들은 선택과 집중의 원리를 적용했다. 사도들은 모든 제자들을 불러 "우리가 하나님의 말씀을 제쳐놓고 접대를 일삼는 것이 마땅하지 않다"고 말한 후(행 6:2), "우리가 힘써 해야 할 사역은 기도하는 일과 말씀 전하는 일"이라고 선포했다.(행 6:4) 이 말씀대로 선교통일 목회의 가장 중요한 요소는 기도와 말씀이다. 선교통일 목회는 기도로 세워지는 목회다. 선교통일은 성령의 권능이 임할 때 시작되고, 언약의 성취로 완성된다.

목회의 본질은 믿음으로 복음을 받아들인 성도들이 복음의 생활화와 복음의 일상화가 된 삶을 살 수 있도록 경건에 이르는 훈련을 시키며, 성령의 인도하심과 충만함 속에서 주시는 비전에 응답하도록 하는 것이다. 주께 택함을 받아(고전 1:2) 그리스도 안에서 한 몸 되고(고전 12:13), 성령의 전이 된(고전 3:16) 교회 공동체의 각 사람이 복음 안에 살고, 성령의 비전에 순종하며, 경건에 이르는 훈련을 통해 온전한 자로 세워져 가는 것(골 1:28~29)이 목회의 본질 사역이다.

목회의 본질이 실현되기 위해서는 목회 자체가 끊임없이 개혁되어야 한다. 개혁한 교회는 항상 개혁되어야 한다(ecclesia reformata, semper reformanda est). 개혁의 방향은 길을 잃은 양들이 영혼의 목자와 감독 되신 이에게 돌아오도록 하는 것이며(벧전 2:25), 양들을 큰 목자이신 우리 주 예수님(히 13:20)에게로 이끄는 것이어야 한다.

예수님의 핵심 사역은 가르침(teaching), 선포(preaching), 치유(healing)였다. 이 일을 이루기 위해 제자들에게 목회(ποιμην: 먹이다, 보호하다)하도록 명령했다. "내 어린 양을 먹이라, 내 양을 치라, 내 양을 먹이라."(요 21:15~17) 이 말씀에 기초한 전통적 목회의 기능은 치유(Healing), 지탱(Sustaining), 인도(Guiding), 화해(Reconciling)다.

치유란 결함, 왜곡, 침해가 생기기 이전보다 더 나은 상태로 손상된 부분을 회복시키는 것을 말한다. 지탱은 회복 불가능한 상황에서도 상태가 유지되는 것은 물론 회복이 일어나도록 지지하고 격려해 주는 것이다. 인도란 목회 대상자가 인생의 새로운 목적을 설정하도록 앞길을 인도해주고, 다양한 가능성 중에 최상의 선택을 할 수 있도록 결단의 과정을 돕는 것이다. 화해란 소외된 인간이 하나님과 더불어 주변 사람들과 적절하고 새로운 관계를 맺게 하는 것이다. 예수님은 이를 성취하시기 위해 화목제물이 되셨고(롬 3:25), 우리에게도 화목케 하는 직책을 주셨다.(고후 5:18~19) 그래서 진정한 목회의 효과가 나타날 때, 사람들이 화목하게 하는 자(peacemaker)로 세워진다. 남북분단 속에 소외된 인간을 하나님과 화해케 하고, 서로 화목케 하는 사역이 선교통일 목회사역이다.

2. 선교통일 목회의 정의와 개념

한국기독교 전파 초기 평양신학교에서 최초로 목회학 강의를 실시한 곽안련(C.A. Clark) 선교사는 "목회학이란 교역자가 복음의 진리를 신자의 생활에 실제로 적용하는 일을 도와주는 학문"이라고 정의했다. 여기에 전통적인 목회 기능을 더해 선교통일 목회를 정의한다면 '복음의 진리가 남북 한반도의 신자들 삶 속에 실제로 적용되도록 복음전파를 통해 치유, 지탱, 인도, 화해의 사역을 이루는 것'이라고 할 수 있다.

선교통일 목회는 한반도의 문제를 성경으로 풀어내는 말씀(레마) 중심 목회다. 하나님 나라 가치를 실현하는 가치지향 목회다. 복음으로 한반도의 새로운 출구를 찾을 수 있음을 제시하는 목회로 선교를 통해 분단을 극복하고 통일에 이르게 하는 통일 지향 목회다. 선교통일의 길을 목회 속에 구현하여 복음 안에서 이미 온 통일을 선포하고 한반도의 통합을 말씀 안에서 이루어 내는 목회다. 한반도와 세계를 복음 안에서 품는 통 큰 목회이며, 복음을 복음되게 하는 복음 지향 목회다.

3. 선교통일 목회의 결과

첫째, 변화된 성도가 세워진다. 한반도 남북을 갈라놓은 이데올로기를 극복한 새로운 피조물로서 성도가 세워진다. 북한 수령의 자녀들을 비롯한 남북한의 자녀들이 예수를 영접하여 하나님의 자녀가 되고, 백두혈통의 추종자들과 세상 성공을 추종하던 자들이 회개하고 이 땅의 왕 같은 제사장으로 세워진다. 둘째, 창조자에게 영광을 돌리는 삶으로의 각성이 일어난다. 셋째, 주께로부터 소명과 사명을 받아 북한을 넘어 땅 끝까지 증인이 되는 삶을 살게 된다. 넷째, 남북의 모든 성도가 하나 됨을 위해 헌신하는 일이 일어난다. 다섯째, 성령의 비전이 목회의 동력이 된다. 여섯째, 남북한 복음화로 인한 하나님의 나라가 도래하게 된다.

선교통일 목회를 실시하게 되면 개교회 위주의 목회에서 하나 됨(에하드)의 교회 중심 목회로, 로컬 중심 목회에서 한반도 중심 목회로, 교회성장 지향 목회에서 하나님 나라 가치 지향 목회로, 교단 교리와 신학 지향 목회에서 예배, 기도, 선교 지향 목회로의 전환이 일어난다.

II. 선교통일 목회로의 목회 패러다임 전환

1. 하나 됨(oneness)의 목회

개교회주의 목회는 하나 된 교회 전체를 보지 못한다. 그 결과, 개별교회의 상황 우선 목회 속에서 교회의 본질이 훼손된다. 지금 한국교회는 공적 교회에서 사적 교회로 전환되고 있다. 교회 목회직의 세습은 개별 교회에서는 정당성이 있을지라도 전체 차원에서는 공적인 교회의 모습을 상실한 사유화된 교회의 폐습으로 보인다. 또한 성장 지향의 경쟁 속에서 분열과 다툼, 부익부 빈익빈 현상에 빠지면서 교회의 영향력이 점점 더 추락한다.

개교회주의 목회엔 초기 선교사의 선교전략(네비우스 선교전략)이 영향을 미쳤다. 네비우스는 미국 북장로회 소속 중국 선교사다. 한국에 들어온 선교사들은 그를 초청해 한국 선교전략에 대한 조언을 들었고, 그에 따라 선교정책을 결정했다. 핵심은 선교사의 순회 선교를 통한 전도와 성경을 모든 사역의 중심에 두는 것이다. 선교는 자립 전도, 자립 정치, 자립 보급으로 전개하고, 모든 신자에게 조직적인 성경공부를 시킨다. 치리는 성경에 규정된 벌칙을 따르고, 지역을 분할해 각 단체들이 긴밀한 협조와 연합을 한다. 교인은 법정소송 문제에 관여하지 않고, 서로의 자립을 돕기 위해 경제적으로 협력한다.

이 가운데 한국교회의 개교회주의에 영향을 준 것은 자립 전도, 자립 정치, 자립 보급이다. 초기 한국교회는 자립을 돕기 위해 경제적으로 서로 협력하는 문제를 제대로 다루지 못했는데, 결국 이는 개별교회 이기주의를 심화시키는 결과를 낳았다. 부정적인 개별교회주의를 극복하기 위해서 목회 시스템을 하나 됨 중심의 선교통일 목회로 전환해야 한다.

2. 한반도 중심 목회

로컬 중심의 목회는 점점 한계 상황에 직면하고 있다. 지역 중심의 목회를 하다 보면 지역 이기주의에 동의하고 함께 해야 하는 폐단이 생긴다. 비성서적인 핌비현상이나 님비현상에서 교회가 자유롭지 못하게 된다. 핌비현상(PIMBY: Please In My BackYard syndrome)은 지역 사회에 도움이 되는 수익성 사업을 자신의 지역에 유치하고자 하는 지역 집단 이기주의이고, 님비현상(NIMBY: Not In My BackYard syndrome)은 혐오시설 기피현상을 뜻하는 것으로 환경권 보장을 위해 핵폐기물 처리시설, 화장장, 쓰레기 소각장 등의 설치를 반대하고, 탈북자나 저소득자의 임대주택, 복지시설 건립을 기피하는 집단 이기주의를 말한다. 성경은 이런 것을 죄악으로 정죄하지만, 지역 중심 목회를 하는 교회는 이러한 일에 있어 공정하거나 자유롭지 못하다. 이제는 로컬을 넘어 한반도 중심으로 폭을 넓히고, 지역 이기주의를 넘어 한반도 전체의 이익을 생각하는 선교통일 목회를 해야 한다.

3. 하나님 나라 가치 지향 목회

교회 성장 지상주의를 추구하는 목회는 쉽게 세속주의 가치에 물들 수 있다. 교회의 본질을 추구하기보다는 눈에 보이는 결과에 집착하게 된다. 한국교회는 성장 지향 목회를 통해 1960년대까지 연평균 41%의 성장률이라는 경이적인 성과를 거뒀지만, 1992년에는 0.3%로 대폭 떨어지더니 1994년부터는 마이너스 성장을 하게 되었다. 2015년 인구센서스 조사 결과, 기독교 인구는 967만 명으로 나타났지만, 성장 지향 교회의 현실은 갈수록

참담하기만 하다. 2018년 예장합동, 예장통합, 기감, 고신, 성결, 기장 등 6개 교단 교인 수 총합은 880만 6,053명으로 감소했다. 2019년에는 741만 2,150명으로 줄었다. 한 해 동안 100명이 모이는 교회 1,770개가 사라졌다. 코로나 팬데믹 이후에는 교인 수가 평균 26.5% 줄었다.

여기에 교회 고령화로 소년부, 청소년부가 급격히 감소하고 있다. 중형교회 감소세가 가파른 반면, 미자립 교회는 80%로 늘었다. 전국 교회 가운데 자립교회는 10%에 불과하다. 10% 자립교회 중 5%의 대형교회가 80%의 미자립 교회를 떠안고 있는 구조다. 이제는 다른 방법이 없다. 성장 지향의 목회에서 하나님 나라 가치 지향의 선교통일 목회로 패러다임 전환을 해야 한다. 그래서 하나님이 주도하시는 대부흥이 이 땅에 다시 일어나게 해야 한다.

4. 예배와 선교 지향 목회

교리교육 지향의 목회는 예배를 형식주의에 머물게 한다. 예배의 핵심은 찬양과 기도, 성령의 임재와 진리의 선포다. 오늘 이 시간 예배에서 선포되는 레마의 말씀을 통해 한반도의 문제를 풀어낼 메시지가 나와야 한다. 그러기 위해서는 예배 가운데 임재하는 말씀의 권위가 회복되어야 한다. 교인들의 우선순위가 한반도 복음화와 이를 통한 세계선교가 되도록 선교통일 목회로의 패러다임 전환을 이뤄야 한다.

III. 선교통일 목회 접근

1. 선교통일 목회 접근의 어려움

한국교회의 교단 분열은 통합과 통일을 어렵게 하는 주요한 요소다. 한국교회는 신사참배 문제로 인한 고려파 분열(1952), 용공과 신신학 문제로 인한 기장과 예장의 분열(1953), WCC(세계교회협의회) 가입 문제로 인한 예장통합과 합동의 분열(1959) 등 오랜 분열의 역사를 갖고 있다. 예장통합과 합동은 WCC 가입 문제가 용공 논란으로 이어지면서 심각한 내홍을 겪었다. 합동 측에서는 WCC에 참여한 교단과 인사들을 용공, 좌경이라고 비판하며 통합 측과 갈라섰다. 감리교와 성결교도 비슷한 이유로 분열되었다. 일제 강점기의 신사참배와 좌우 이데올로기의 대립이 남한 기독교 분열에 적절한 명분을 제공한 것이다. 그 결과, 교회 내에서 북한선교나 통일 문제는 거론하는 것조차 꺼리는 분위기가 확산되었다.

2. 선교통일 목회의 필요성

한국경제연구원 통일연구센터의 '2015년 하반기 남북관계 전망과 통일의식' 조사에서 전문가 87명 중 97.7%가 "통일이 필요하다"고 답했다. 이후 매년 같은 조사에서도 비슷한 결과가 나왔다. 통일의 필요성에 대해서는 이론이 없는 것이다. 실제로 통일은 우리 민족에게 매우 유익하다. 경제적인 측면에서 예상되는 통일비용은 4,000조 정도다. 그러나 통일이 이루어졌을 때 얻게 될 통일편익은 1경 4,000조로 통일비용의 3배 이상이다. 세계적인 투자자 짐 로저스는 "한반도가 통일되면 나의 전 재산을 통일 한반도에 투자하겠다"고까지 말했다. 투자의 귀재로 불리는 로저스는 한반도 통일의 엄청난 편익을 예상한 것이다.

통일의 영적 가치는 더 중요하고 크다. 통일 한반도는 땅끝 선교의 최상, 최후의 보루가 될 수 있다. 통일 한반도는 가장 강력한 영성을 지닌 영성 대국과 최대의 선교국가가 될 것이기 때문이다. 지금은 선교통일을 준비할 수 있는 선교통일 목회의 최적기이다. 이미 온 통일의 때(카이로스)에 아직 오지 않은 통일의 때(크로노스)를 준비해야 한다. 그래서 목회자들은 이미 온 한반도 통일을 바라보며 아직 오지 않은 통일의 때를 미리 준비하는 목회를 펼쳐야 한다. 선교통일 목회는 하나님 나라의 가치를 통일 한반도의 기본 가치로 삼는 블루오션 통일 실현 목회다.

3. 선교통일 목회 리더십 형성을 위한 제안

선교통일 목회 리더십 확립을 위해 가장 먼저 이뤄져야 하는 것은 주님이 주시는 소명과 사명으로 선교통일 목회에 대한 영적 비전을 갖는 것이다. 또한 선교통일의 관점에서 선교와 통일, 목회에 대한 성경적 이해를 가져야 한다. 목회자들에게 선교통일 목회를 추진할 수 있는 선교통일 영성을 갖게 하기 위해서는 기독교 영성의 역사와 선교통일 영성에 대한 교육과 훈련, 기도모임이 진행되어야 한다. 시급히 선교통일 목회 세대를 세워 그들에게 리더십을 넘겨주는 것도 중요하다.

선교통일 목회 리더들에게 실제적으로 필요한 사항은 선교통일 목회 매핑(mapping)과 전략(strategy consulting), 선교통일 교회 플랜팅(planting)과 목회 시스템(system) 구축, 장단기 계획(planning)을 나누는 모임을 갖는 것이다. 이 자리에서는 하나님이 주시는 비전을 공유하는 한편 참석자들이 선교통일 목회 사역 네트워킹을 형성해 정기 연구모임으로 성장, 발전시켜야 한다. 또한 정기적인 선교통일 목회 세미나, 심포지엄, 워크숍, 포럼 등을 통해 사역을 활성화해 나가야 한다. 이미 세워진 선교통일 목회 모델을 벤치마킹하는 것도 아주 중요하다.

IV. 선교통일 목회의 본

1. 탈북민을 지원하는 선교통일 목회

　대형교회들이 전도를 목적으로 탈북민을 수용하기 시작하면서 선교통일 목회 1기가 시작되었다. 1999년 여의도순복음교회는 자유시민대학을 통해, 영락교회는 북한선교회에서 탈북민을 자유인으로 호칭하며 탈북민과 함께하는 사역을 시작했다. 2001년 남서울은혜교회는 통일선교위원회에서, 2003년 온누리교회는 하나공동체에서, 거룩한빛광성교회는 북한선교부에서, 2004년 수영로교회는 북한선교부에서, 2005년 사랑의교회는 북한사랑의선교부에서 각각 선교통일 목회를 시작했다. 이들의 선교통일 목회 방식은 탈북민을 구제와 섬김을 받아야 하는 보호의 대상으로 보는 것이다. 그래서 특별 조직을 세워 남한 성도들이 봉사자로 나서 탈북민의 필요를 도와주는 방식으로 선교통일 목회가 진행됐다.

2. 탈북민과 함께하는 선교통일 목회

1기 선교통일 목회에 만족하지 못한 탈북민들은 2004년 이후 탈북민 교회를 세워 탈북민이 주도하는 선교통일 목회를 실시했다. 2004년에만 열방샘교회(장로교), 새평양순복음교회, 새터교회(감리교) 등이 설립됐다. 또한 탈북민들이 따로 모여 예배 공동체를 세우기 시작했다. 하지만 탈북민 교회는 미자립 상태를 벗어나기 어려웠다. 그 자체가 북한선교의 열매라는 가치는 있지만 성장에는 한계가 있었다.

정형신 목사의 발표에 의하면 탈북민 교회가 개척된 지 17년이 된 2021년 현재 교회 현황은 전국에 총 58개(68개 설립, 10개 폐쇄)의 탈북민 교회가 있는데 그중 52개 교회의 평균 성도는 34명이다. 성도가 60명 이상인 교회는 전체의 10%다. 1만 2,000여 명의 탈북민 기독교인 가운데 탈북민 교회에 참여하는 숫자는 12~14%에 불과하다. 탈북민 교회의 형태는 임대가 85%, 자체 예배당을 가진 교회가 9%(5곳), 기타 가정교회들이다. 탈북민 목회자 월평균 사례비는 64만 원이며 전체의 29.3%가 사례비 없이 사역하고 있다.

탈북민 교회 가운데 그나마 긍정적인 성장과 성숙의 모습을 보이는 교회로는 탈북민 허바울 목사가 시무하는 그날교회가 있다. 남한 성도와 탈북민 성도가 각각 50%로 100여 명이 모이고 있다. 교회 내 프로그램으로 북한선교학교를 2021년부터 실시하고 있다. 제자훈련을 통한 목양목회도 진행 중이다.

탈북민 이빌립 목사는 신학교 3학년 때인 2004년 열방샘교회를 개척했다. 이 목사는 교회 목회를 하며 통일소망선교회를 통해 북한선교학교(2011~현재)를 서울, 대전, 부산, 광주 등에서 열고 있다. 이밖에도 탈북민 정착 지원사역, 북한교회 개척학교 사역, 구출사역, 탈북자 미션홈 사역, 중국 내지 탈북자와 비보호자 돌봄사역, 북한 지하교회 지도자 양육사역, 탈북 목회자 가정사역 등 다양한 사역을 실시하고 있다.

남한 목회자가 탈북민을 대상으로 목회하는 교회로는 조요셉 목사가 시무하는 물댄동산교회가 있다. 이 교회는 북한선교전략학교, 관악통일포럼 등을 실시하고 있다. 최광 목사가 시무하는 황금종교회는 열방빛선교회를 통해 GMI 탈북민 성경통독 100독 학교를 운영하고 있다. 최 목사의 스터디 가이드북 '내래 죽어도 전하겠습니다'에는 선교통일 목회사역의 과거와 현재가 잘 정리되어 있다.

5. 이미 온 통일을 누리는 선교통일 목회

남한교회의 목회자가 목회 패러다임을 전환하여 전략적 선교통일 목회를 실시하는 교회도 있다. 순복음 교단의 N교회가 대표적이다. 이 교회는 기존 성도들과 탈북민들이 함께 예배 공동체 안에서 이미 온 통일을 누리고 있다. 또한 한 달에 한 번 선교통일 목회 예배를 드리며 북한을 품고 한반도의 하나 됨을 위해 기도하고 있다. 한 달에 한 번 이상 연합통일기도회에 참여해 북한선교와 통일을 위해 기도하고 있고, 휴전선 일대를 순례하며 통일 예배를 드리고 있다. 북한선교와 선교통일 사역자들의 다양한 필요를 채워주면서 북한을 넘어 이스라엘과 땅끝 선교로 목회 영역을 확장하고 있다.

선교통일 목회를 실시하기 위해서는 사도 바울을 본받아야 한다. 바울은 이방인을 위한 선교사로 부름받았지만 자신의 동족 유대인 선교를 포기한 적이 없다. 유대인 선교를 위해 40에 하나 감한 매를 다섯 번이나 맞으면서도 로마 시민권을 버리지 않았다. 그는 동족(유대인) 선교를 위해 자신의 생명을 주께 던지며 간구하는 기도 사역자였다.(롬 9장) 우리는 사도 바울을 본받아 세계선교의 비전을 따라 사역하면서도 북한선교를 포기하지 않고 끊임없이 선교통일 목회를 시도해야 한다.

사무엘 마펫 선교사는 1910년 에딘버러 세계선교사대회에 한국 대표로 참석해 이렇게 연설했다.

> "보라! 하나님은 보잘것없고 멸시와 부끄러움을 당하는 한국을 통해 모든 극동지역에 풍성한 영적 축복을 가져다주셨다. 한국을 열국 가운데 정치적 강대국이 아니라 영적 강대국으로 삼으심으로써 그의 권능을 드러내시는 것이 하나님께는 전혀 불가능한 일이 아니다."

마펫 선교사가 세계에 선포한 대로 지금 우리는 동북아시아를 넘어 유라시아 대륙을 품은 영성 강대국이 되었다. 하지만 아직 시작에 불과하다. 여전히 미완인 북한 복음화를 통해 이루어질 선교통일, 그리고 그 선교통일을 통해 이루어질 세계 땅끝 선교의 비전을 완성하기 위해 이 땅의 모든 교회는 선교통일 목회를 펼쳐야 한다.

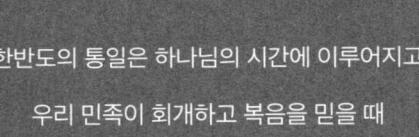

한반도의 통일은 하나님의 시간에 이루어지고,

우리 민족이 회개하고 복음을 믿을 때

이루어지며, 언약의 성취로 이루어진다!

때가 찬 선교통일의 메시지

12

제 12 강

때가 찬 선교통일의 메시지

때가 찬 선교통일론의 강령(綱領: 일의 으뜸이 되는 줄거리)은 '한반도의 통일은 복음의 언약이 성취되는 순간에 이루어진다'는 것이다. 그러므로 우리가 힘써야 할 것은 마음(καρδία)과 목숨(ψυχῇ)과 뜻(διανοίᾳ)을 다해 한반도 복음화를 위해 헌신하는 것이다. 이 책 전체 내용을 이 한 문장으로 정리할 수 있다.

> "한반도의 통일은 하나님의 시간에 이루어지고, 우리 민족이 회개하고 복음을 믿을 때 이루어지며, 언약의 성취로 이루어진다."

이 메시지를 11가지 제목으로 풀어 설명한다. 앞에서 이미 설명한 내용들을 축약한 것으로 중복되는 부분일 수 있지만, 복습과 강조 차원에서 찬찬히 읽고 내면에 체화하기 바란다.

Ⅰ. 때가 찬 선교통일의 11가지 메시지(1)

'때가 찬 선교통일론'은 통일의 이론이나 통일의 방법론이 아니다. 선교통일은 메타(초월적) 통일론이다. 이성적 논리로 풀어낸 통일이론이 해결하지 못하는 한반도의 통일에 대한 하나님의 해법으로, 한반도 복음화 통일에 대한 메시지를 풀어놓은 것이다.

1) 한반도 통일의 유일한 해법은 선교통일이다.
2) 선교통일은 하나님의 시간(카이로스)에 이뤄진다.
3) 지금 한반도에는 선교통일의 길이 열려 있다.
4) 선교통일은 하나님이 한반도에 주신 복이다.
5) 선교통일은 세계를 구원할 하나님의 위대한 비전이다.
6) 선교통일은 조건 없는 은혜로 말미암은 것이다.
7) 선교통일은 새롭게 열린 통일의 길이다.
8) 선교통일은 비교할 수 없는 절대적 가치가 있는 통일이다.
9) 선교통일을 위해 하나님은 통인, 통신, 통상, 통영의 길을 열어놓으셨다.
10) 선교통일을 위해 하나님은 하나님의 사람들을 준비하신다.
11) 선교통일을 위해 하나님은 선교통일 목회를 예비해 놓으셨다.

Ⅱ. 때가 찬 선교통일의 11가지 메시지(2)

1 선교통일의 필요성

　한반도는 지금 위기 속에 종말의 시대를 살고 있다. 북한은 전략무기인 핵무기를 전술핵무기로 사용할 것이라고 법제화시켜 놓았다. 점점 더 다양하면서도 강력한 핵무기를 다량으로 만들고 있다. 노벨평화상을 수상한 히로시마 생존자 세츠코는 수상 연설에서 이렇게 말했다.

> "저는 여러분이 우리 주변에서 솟아오르는 25만 개의 거대한 핵 구름을 느끼시기를 바랍니다. 핵무기 개발은 국가의 위대함을 의미하는 것이 아니라 가장 어둡고 깊은 타락으로 내려가는 것을 의미합니다. 이러한 무기는 필요악이 아닙니다. 궁극적인 악입니다."

　핵무기와 기후위기는 세계 종말 시계의 초침을 100초 전으로 앞당겨놓았다. 어떻게 해야 할까? 방법은 오직 하나, 하나님이 이 땅을 지켜주셔야만 한다.(사 2:4, 미 4:3)
　이런 상황에서 남과 북의 통일론은 그 어느 것도 실효성이나 진전이 없이 닫힌 상태로 머물러 있다. 이는 남북 간 대화로 풀어갈 수 있는 문제가 아니다. 인간의 능력이 한계점에 도달했을 때야말로 전능자를 의지할 때다. 전능하신 하나님은 한반도 복음화를 통한 선교통일의 길이 있음을 언약으로 주셨다.

한반도의 통일은 마음 분단을 극복하는 통일이어야 한다. 6·25전쟁은 남한 189만 8,480명, 북한 332만 명의 사상자를 냈다. 아무리 세월이 흐른다 해도 치유하기 어려운 상처를 남겼다. 이데올로기를 극복하는 것도 쉽지 않다. 북한의 주체이데올로기 문제는 마음의 상처보다 더 해결하기 어렵다. 영토의 분단을 극복하고 재통일(re-unification)되는 길은 전혀 보이지 않는다.

한반도의 통일은 반드시 자유민주적 기본질서 안에서 생명권, 자유권, 행복추구권이 보장되는 것이어야 한다. 시장경제 안에서 다원적 복지사회가 건설되는 신통일(neo-unification)이어야 한다. 성경에 기반한 선교통일은 기독교의 유기체론에 근거한 통일이기에 이 모든 문제들이 그리스도 안에서 하나로 통합되어지는 통일을 이룰 수 있다. 존재에 대한 존중과 공존, 상호 소통과 섬김, 돌봄을 가능케 하는 주 안에서의 수평적 유기체 통일의 가장 확실한 방법이 선교통일이다.

2. 선교통일의 카이로스

선교통일은 하나님의 카이로스의 시간에 이뤄지는 통일로 '때가 찬 하나님의 경륜'을 이루는 통일이다. 인간의 지혜와 노력, 힘이 아니라 카이로스의 시간에 그리스도 안에서 하나 되는 획기적인 사건으로 말미암는 통일이다.

> "하늘에 있는 것이나 땅에 있는 것이 다 그리스도 안에서 통일되게 하려 하심이라(εἰς οἰκονομίαν τοῦ πληρώματος τῶν καιρῶν, ἀνακεφαλαιώσασθαι τὰ πάντα ἐν τῷ Χριστῷ, τὰ ἐπὶ τοῖς οὐρανοῖς καὶ τὰ ἐπὶ τῆς γῆς· ἐν αὐτῷ)"(엡 1:10)

선교통일 카이로스 사역자는 선교통일의 카이로스를 분별하는 자이다. 그는 '때가 찬 시간'에 일어나는 역사를 말씀 안에서 누리며, 하나님의 임재 속에서 기도하고 찬양한다. 또한 주의 임재를 누리는 예배를 드리면서 언약의 말씀에 절대 복종하고 순종하는 삶을 산다. 매 순간 종말론적 신앙을 견지하고 주와 동행하며 방주(선교)를 예비하는 삶을 산다.

3. 선교통일의 열린 틈

북한의 통일론은 닫힌 통일론이다. 북한의 통일전략은 남북한 연방제를 통해 '선 남조선 혁명, 후 공산화 통일'을 이루는 것이다. 북한이 한반도에서 이루고자 하는 통일은 수령이 이루는 통일이며, 한반도를 수령절대주의체제로 만드는 통일이다. 반면에 남한의 통일론은 희망통일론이다. 한민족공동체 통일전략은 연합제를 통해 한민족을 하나로 묶는 것이다. 한반도에 개인 자유와 평등이 보장되는 통일 국가를 세우는 것이다. 남한도, 북한도 자기들의 통일론을 양보할 수 없다. 통일에 대한 입장 차이를 줄일 길은 없다.

기독교의 통일론은 열린 통일론으로 이미 실행되고 있는 통일론이다. 남북한 복음화를 통한 통일을 이루기 위해 기도와 복음전파를 실행하고 있다. 하나님은 선교통일 사역을 진행하고 계신다! 각 북한 선교단체나 기도처에서 북한에 대한 바른 이해와 전략적 선교를 위한 교육, 통일과 북한선교를 위한 연합기도, 다음 세대 통일 리더십 확보와 전문인 북한선교 사역자 세우기 등이 이뤄지고 있다. 하나님은 남북한 북한선교 사역자와 디아스포라 북한선교 사역자, 북한선교를 시도하는 외국인 북한선교 사역자를 통해 일하고 계신다.

또한 모두가 하나 되어 섬기는 연합선교 네트워크(플랫폼 사역-중국 조중 접경지대, 러시아 극동지역, 동구권, 북미, 남미, 서북부 유럽, 오세아니아 등의 북한선교와 통일사역 연합), 선교통일전략 연구(연구소, 포럼) 등의 사역도 진행되고 있다. 무엇보다 북한 내에서는 지하교회가 계속 세워지고 있다.

선교통일은 복음 안에서 남북의 분단의식을 헤렘(멸절)시키고, 한반도가 통합되는 통일의 길을 열어 세계선교라는 주님의 지상명령을 성취하는 것이다.

4. 선교통일의 블레싱

통일의 가장 큰 걸림돌은 인본주의 주체사상에 철저히 세뇌된 사람들이다. 이들은 복음을 받아들이기가 정말 어려운 자들이다. 북한의 대학에서 철학과 교수로 10년간 주체철학을 강의한 현인애 교수(이화여대)는 남한에 들어온 탈북민을 오랫동안 연구한 끝에 이런 결론을 내렸다고 한다.

> "그들의 사고방식은 거의 바뀌지 않습니다. 어떤 정보가 머리에 입력되어 나오는 메커니즘이 남쪽에 왔다고 달라지지 않는다는 말입니다. 북에서 교육을 많이 받은 사람일수록 더욱 바뀌지 않습니다."

선교통일은 축복(blessing)이다.(사 58:6~12, 요삼 1:2) 선교통일은 주께 돌아온 민족에게 주시는 '다시 축복'(again blessing)의 역사 속에 영혼이 잘되는 복을 누리는 통일이고, 갑절의 축복(a double blessing)으로 형통과 번영, 행복하게 되는 통일이며, 큰 나라 강국의 축복(the blessings of a great nation)으로 강건케 되는 통일이다.

선교통일은 이 세상의 모든 사상을 뛰어넘는 통일이다. 선교통일의 결과(레 26:5~9)로 통일 한반도는 안전과 평화, 번영이 가득하고 갈수록 창대해지는 위대한 장소가 될 것이다.

5. 선교통일의 그레이트 비전

믿음으로 선교통일의 위대한 비전을 받은 자는 이미 이루어진 통일을 본 자이다. 믿음의 조상 아브라함의 큰 비전(창 22:18)은 성취로 가는 시간적 여정이 있을 뿐, 반드시 이루어진다.

가나안의 비전을 가진 자에게 홍해와 여리고성은 난공불락의 장애물이 아니라 지나가야 할 한 길일 뿐이다. 선교통일의 비전을 가진 자에게 휴전선과 수령절대왕정 역시 난공불락의 장애가 아니라 지나가야 할 한 길일 뿐이다. 선교통일의 비전이 한반도 통일의 길을 만든다!

언약에 근거한 한반도 선교통일의 그레이트 비전은 다음과 같다. 첫째, 선교통일 한반도는 세계선교의 새로운 기폭제가 된다. 둘째, 선교통일 한반도의 영성은 십자가와 부활의 강력한 복음의 영성이 되고, 한반도의 교회와 성도들은 땅끝 선교의 주역이 된다. 셋째, 한반도는 유라시아와 중국, 태평양과 북미, 남미 선교를 주도하는 세계선교의 중심이 된다.

6. 선교통일의 샘물

북한이 저지른 두 가지 악(렘 2:13)은 생수의 근원 되신 하나님을 버린 것과 터진 웅덩이로 인본주의 사상인 주체사상을 만든 것이다. 이를 극복하기 위한 선교통일 비전 성취의 샘물은 예수님이 주시는 샘물이다.(요 4:14) 이는 끊임없이 공급되는 에너지원, 비전의 영적 에너지원, 선교통일의 슈퍼 에너지원이다. 히브리적으로 샘물은 하나님의 은혜를 뜻한다. 샘에서는 인간의 노력과 수고 없이 물이 솟아 나온다. 선교통일은 샘물과 같이 조건 없는 은혜로 주어지는 것이다.(계 21:6) 따라서 선교통일은 주의 긍휼로 말미암아 이루어지는 통일이다.

선교통일의 샘물이 흐를 때 흉악의 결박이 풀어지고, 멍에의 줄이 풀어지며, 압제당하는 자들이 자유케 되고, 주린 자가 먹게 된다. 유리하는 빈민에게 살 길이 열리고, 헐벗은 자들이 입게 되며, 멍에와 손가락질과 허망한 말이 제하여지고, 괴로워하는 자들의 심정이 만족케 된다. 빛이 흑암 중에서 떠오르고, 한반도에서 치유가 급속히 일어나며, 여호와의 영광이 드러난다. 주께서 우리의 기도를 응답하시고, 메마른 곳에서도 영혼이 만족을 얻는다. 강건한 자가 되며, 황폐된 곳들을 다시 세우고, 역대의 파괴된 기초를 쌓게 된다. 무너진 데를 보수하게 되며, 길을 수축하여 거할 곳이 되게 한다. 한반도가 물 댄 동산같이 되며, 물이 끊어지지 아니하는 샘같이 된다.(사 58:6~12)

7. 선교통일의 블루오션

　기독교 레드오션 통일론은 이데올로기 통일론이다. 여기엔 1950~70년대 반공통일론과 1980년대 화평통일론(NCCK)이 있다. 화평통일론은 1968년 WCC 웁살라대회의 정신과 맥을 같이하는 통일론이다. 이는 교회의 사회적 책임수행이 첨예화될 때, 맑시즘 등 사회학적 통찰이 기독교 신학에 적극 수용되기 시작하면서 부각됐다. 남미의 해방신학, 80년대 진보적 민중신학, 토착신학과 궤를 같이한다.
　이에 비해 선교통일론은 블루오션 통일론이다. 보수와 진보의 경쟁이나 대칭 구도 속에 있지 않은 통일론이다. 보수진영의 복음과 진보진영의 평화가 주 안에서 성취되는 통일론이다. 선교통일은 첫째, 화목케 하는 직책을 완수(고후 5:18~19)할 때 이루어지는 통일이다. 이를 통해서 하나님으로부터 나오는 화목, 그리스도로 말미암는 화목, 하나님의 말씀을 통한 화목의 역사가 일어난다. 둘째, 평화의 나라가 도래(미 4:3~4)함으로써 이루어지는 통일이다. 주 안에서 도래하는 평화는 핵을 보습과 낫으로 바꾸고, 더 이상 전쟁을 준비하지 않게 하며, 사람들의 자유를 보장한다. 셋째, 통합 통일이 이루어지는 통일(엡 1:10)이다. 우리가 하나님의 백성이 되는 통일이고, 사망과 애통함이 없는 통일이며, 하나님 안에서 새롭게 시작되는 통일이다. 선교통일로 이뤄지는 통일(계 21:3~4)을 통해 치유와 회복의 역사가 일어난다.

8. 선교통일의 절대적 가치

하나님 나라의 가치는 비교할 것이 없는 고유의 가치이며, 고정불변의 가치이고, 본질적인 가치이다. 선교통일은 이 하나님 나라 가치를 실현하는 것이다. 그러므로 선교통일의 가치는 절대적 가치이다. 선교통일은 한반도 통일국가 체제에 복음적 가치가 반영되는 통일로, 남북 분단으로 이질화된 민족성을 하나로 통합할 수 있는 길이다. 선교통일은 이미 이루어진 통일을 촉진시켜 아직 이루어지지 않은 통일을 성령 안에서 성취시키는 통일로 가장 확실한 통일이다. 선교통일론은 북한의 체제와 이데올로기를 복음적 차원에서 신학적으로 해석한 선교와 통일전략이다.

9. 선교통일의 4통길

선교통일은 분열된 마음을 회복하는 통일이며, 이데올로기를 극복하는 통일이고, 체제갈등을 뛰어넘는 통일이며, 영토통일 이후 민족분열을 막는 통일이다. 선교통일은 사(4)통 통일의 길을 여는 통일이다.

첫째, 통인(人) 통일의 길을 여는 것이다. 통인 통일은 서로 만나 교제하며 주 안에서 하나 되는 것이다. 하나님의 사람이 주도하는 사역을 통해 남북이 서로 왕래하며, 탈북민이 하나로 매칭되며, 코이노니아적 교제를 통해 하나 됨을 이루는 통일이다.

둘째, 통신(信) 통일의 길을 여는 것이다. 통신 통일은 방송선교와 통신매체로 복음을 전함으로써 남북 간 이데올로기를 극복하고 하나 되는 길을 여는 통일이다.

셋째, 통상(商) 통일의 길을 여는 것이다. 통상 통일은 전문인 섬김 사역을 통해 인도적 지원을 효율적으로 할 수 있는 길을 여는 통일이다. 갈등만 일으키는 체제 통합보다는 통상을 통한 통일을 이루는 길을 여는 것은 아주 중요하다.

넷째, 통영(靈) 통일의 길을 여는 것이다. 통영 통일은 복음 안에서 그리스도의 영으로 하나 되는 길을 여는 통일이다. 하나 됨의 영성으로 예배와 영적 기도, 선교사역을 통해 공중권세를 잡고 있는 대적과 싸우면서 선교통일의 길을 여는 통일이다. 선교통일의 영성은 사도 바울이 "골육의 친척을 위하여 내 자신이 저주를 받아 그리스도에게서 끊어질지라도 원하는 바로다"라고 고백(롬 9:3)한 것과 같은 영성이다.

10. 선교통일 사역자 디자인

하나님은 선교통일을 위해 다양한 사역자를 일으키신다. 성령으로 말미암는 강렬한 비전사역자, 비전 실천과 지속 능력의 실행사역자, 소통과 권한 이양(empowerment)을 통해 비전을 공유케 하는 열정과 몰입의 부흥사역자, 사역을 지속적으로 하게 하는 신뢰 관리의 포지셔닝(positioning)을 통한 코칭사역자, 긍정적 자존감을 심어주어 피그말리온 효과를 일으키는 멘토링사역자 같은 다양한 사역자들을 세워 선교통일을 이뤄가신다. 각 사역자는 하나님이 세우시는 진선미(眞善美), 지정의(知情意)의 삼겹줄 리더십으로 선교통일의 담론을 일으키고, 선교통일의 동기를 부여하며, 선교통일 사역이 가능토록 한다.

하나님이 디자인하시는 선교통일 진 사역자가 진리를 전하고, 선교통일 선 사역자가 진리를 증거하며, 선교통일 미 사역자가 진리를 누리게 할 때 성취되는 통일이 선교통일이다.

11. 선교통일 목회의 본

선교통일 목회의 본이 되는 사역자는 사도 바울이다. 사도 바울은 유대주의를 뛰어넘는 기독교 영성으로 유대인 선교를 포기하지 않으면서 이방인 선교의 문을 열었다. 그는 아무도 열지 못하던 유럽 선교와 땅끝 선교의 문을 열고 온 몸으로 선교적 삶을 산 사역자이다. 그는 복음과 함께 고난받는 것을 마땅히 여기며 사역했다. 그 결과, 말씀이 흥왕해지고 소아시아와 유럽, 로마에까지 하나님 나라를 확장할 수 있었다.

우리나라 선교 초기, 평양신학교에서 목회학을 강의한 곽안련 선교사는 "목회학이란 교역자가 복음의 진리를 신자의 생활에 실제로 적용하는 일을 도와주는 학문"이라고 정의했다. 복음의 진리가 남북 한반도의 신자들 삶 속에 실제로 적용되도록 복음 전파를 통해 치유, 지탱, 인도, 화해의 사역을 이루는 목회가 선교통일 목회다.

선교통일 목회는 한반도의 문제를 성경으로 풀어내어 적용하는 목회이며, 하나님 나라 가치를 실현하는 목회이고, 선교를 통해 분단을 극복하고 통일에 이르게 하는 목회다. 선교통일 목회는 한반도와 세계를 복음 안에서 품는 통 큰 목회다. 선교통일 목회는 한반도 복음화와 동북아시아 선교, 동남아시아와 중앙아시아 선교, 서남아시아와 땅끝을 향해 사도 바울처럼 선교의 비전을 확장시켜 나가는 목회다. 선교통일을 이루는 과정에서 단지 북한만 선교하는 것이 아니라, 한반도 통일에 영향력을 행사하는 중국과 러시아, 미국과 일본에 대한 선교를 실행하며 하나님 나라를 확장하는 목회다. 북아메리카 원주민인 나바호족에겐 이런 격언이 있다.

> "네가 세상에 태어날 때 너는 울었지만 세상은 기뻐했으니, 네가 죽을 때 세상은 울어도 너는 기뻐할 수 있는 그런 삶을 살아라."

선교통일을 위해 사는 우리의 삶은 비록 어렵고 고단하지만 후일엔 웃을 수 있는 면류관이 있는 삶이다. 사도 바울은 사역

마지막에 이렇게 말했다.

> "나는 선한 싸움을 싸우고 나의 달려갈 길을 마치고 믿음을 지켰으니 이제 후로는 나를 위하여 의의 면류관이 예비되었으므로 주 곧 의로우신 재판장이 그날에 내게 주실 것이며 내게만 아니라 주의 나타나심을 사모하는 모든 자에게도니라"(딤후 4:7)

선교통일의 여정 속에서 우리는 선으로 악을 이기는 선한 싸움을 싸워야 하며 한반도 복음화의 사명을 감당하기 위해 순교까지 각오해야 한다. 또 어떤 상황 속에서도 믿음을 잃지 않고 복음이 제시한 바로 그 길(The Way)을 순종하며 걸어가야 한다. 우리 모두가 하나님 나라의 확장을 위해 피와 땀과 눈물을 바치며 헌신할 때, 선하신 하나님은 반드시 한반도에 선교통일의 영광스런 길을 열어 주실 것이다.

때가 찬 선교통일

초판 1쇄   2023년 3월 29일

지은이 _ 송바울
펴낸이 _ 이태형
펴낸곳 _ 국민북스
편 집 _ 김성원
마케팅 _ 김태현
디자인 _ 서재형

등록번호 _ 제406~2015~000064호
등록일자 _ 2015년 4월 30일

주 소 _ 경기도 파주시 와석순환로 307, 1106~601 우편번호 10892
전 화 _ 031~943~0701
팩 스 _ 031~942~0701
이메일 _ kirok21@naver.com
ISBN 979-11-88125-50-0 03230